家康をめぐる
60人の武将

新田純

展望社

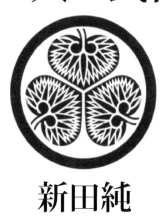

はじめに

徳川家康ほど毀誉褒貶の相半ばする人物も珍しいのではなかろうか。東照大権現という「神」と崇められる一方、「狸おやじ」と揶揄される。

織田信長、豊臣秀吉の二人が作り上げた日本の統一を、彼らの死んだあと、最後に拾って完成させた悪知恵の働くずるい人というイメージが昔には確かにあった。

講談社の絵本などで一番人気のあったのが、百姓から天下人にまで出世した太閤秀吉だった。

ところが昭和四十年頃、山岡荘八の『徳川家康』が大ベストセラーになると、家康ブームが起きた。ちょうど日本が高度成長期にあって、企業経営者たちがこの本を読んでたちまち家康ファンになったからだ。

「鳴かぬなら殺してしまえホトトギス（信長）、鳴かぬなら鳴かせてみせようホトトギス（秀吉）、鳴かぬなら鳴くまで待とうホ

トトギス（家康）」という言葉にあるように、幼い頃から今川の人質に出され、艱難辛苦の末、ようやく花を咲かせた家康に、成功した経営者たちが自らの姿を重ねたからであろう。

　では、それだけで天下が取れるものだろうか。家康が天下人となったのは、その家臣団、つまり「三河武士」たちとの主従の強さ、結束の堅さからだといわれる。

　しかし、家康の祖父の清康も父の広忠も家臣に殺されている。家康も若い日には一向一揆で多くの家臣が離れていったし、小牧・長久手のあとでは股肱の臣石川数正に裏切られている。

　天下のご意見番といわれる大久保彦左衛門も、大久保氏が不遇だった面《つら》当てを割り引いても、その著『三河物語』で徳川家臣団へのうらみ、つらみを述べている。

　ではいったい、なぜ家康が天下を握れたのだろうか。それは家康の運、ツキではなかったかと思う。桶狭間での信長の勝利と今川氏の滅亡、本能寺での信長の横死、秀吉の朝鮮出兵による諸侯の対立、そのあとの秀吉の死などなど、ツキが向こうから家康に

寄って来たからではないだろうか。

それをうまくつかみとったのが家康の能力と言えばそれまでだが、やはり家康は、時代が生んだ最高の幸運児だったといっていい。若い頃は別にしても、天下取りが目に見えてからの徳川軍団の士気の高さは圧倒的であり、それを見事に使いこなした家康の手腕はさすがである。

単なる歴史ファンではなく、歴史学者などが選ぶ武将ランキングでは、家康は常に一位となっている。やはり日本史上、稀有の英傑に間違いない。

そんな家康の家臣団から15人を選び、さらに、家康と関わりのあった45人の武将を選んで、私なりの拙い解説をさせていただいた。歴史好きのみなさんに少しでも興味をもっていただければ、これに過ぎる喜びはない。

令和四年十二月

新田 純

家康をめぐる60人の武将●目次

★武将は生年順に掲載しました。
★文中敬称は省略させていただきました。

家康をめぐる60人の武将

天下取りへの道《徳川家康小伝》

竹千代誕生

徳川三百年という泰平の世を築きあげた江戸幕府初代将軍の徳川家康は、天文十一年（１５４２）十二月二十六日、西三河（愛知県）の領主松平広忠と刈谷城主水野忠政の娘於大の方の長男として、三河岡崎城で生まれた。幼名は竹千代、織田信長より八歳下、豊臣秀吉より五歳下である。

当時の松平家を取りまく環境は非常に厳しいものだった。家康が生まれたとき、父広忠はまだ十七歳。西からは織田信秀、東からは今川義元が攻め込み、領地は蹂躙された。家康が尊敬したという祖父清康が家臣に斬殺されて以来、幼い当主の広忠には領地をまとめる力量はなかった。

竹千代は元服のとき、今川義元から元の字をもらい松平元信と名乗ったが、初陣にあたり元康と名を変えている。武名高かった祖父清康の康にあやかったためである。

清康は松平家七代目。わずか十三歳で家督を継いだ清康は、早くも大永四年（１５２４）、岡崎城の支城であった山中城を攻略し手中に収めると、岡崎城主松平信貞は清康を恐れ、娘を清康に嫁がせ、岡崎城を譲っている。

清康はそれまでの本拠地であった安城城を出て岡崎城に移り、以来岡崎が松平宗家の本城となり、家康が浜松に移転するまで続く。規模こそ小さいが、この清康のとき、それまでの国人領主であった松平家が戦国大名に名を連ねるようになったのである。

しかし、それも長くは続かなかった。ちょっとした勘違いから松平家に騒動が起こり、清康は、家臣によりわずか一刀のもとで討ち取られてしまう。わずか二十五歳だった。その時の刀が村正の銘刀で、そのあと家康の父広忠が殺されたのも村正で、以後徳川家では妖刀「村正」として語りつがれている。

この「守山崩れ」といわれる松平家の事件で清康が非業の最期を遂げたとき、子の広忠はまだ十歳だった。松平家はまたもとの混乱の時代に戻ってしまう。

こうした事態を乗り切ろうと重臣たちが決めたのが「今川家を頼ろう」というものだった。しかし、その今川軍は「織田勢に対抗する」という名目で多数三河に進駐して来て、三河松平領は今川氏の植民地と化してしまう。そんな松平氏にとっては、まさにドン底という時期に生まれたのが竹千代、すなわち家康であった。当然、竹千代は松平氏の期待の星、清康の再来と仰がれたのだった。

しかし、竹千代誕生で松平家中が湧き返ったのはほんの束の間であった。於

大の方の父である水野忠政が、天文十二年（１５４３）に亡くなってしまう。するとあとを継いだ於大の兄信元は織田信秀の誘いに負けて織田側に寝返ってしまった。今川方に属していた松平の敵となったわけである。まだ三歳の竹千代を置いて於大は離別され、刈谷に帰って行った。

　実家の水野家に帰された時の於大の聡明さを現わすよく知られた挿話がある。広忠はその際五十人ほどの供をつけたところ、途中まで来ると、「ここに輿《こし》を置いて岡崎に帰りなさい。兄はそなたたちを皆殺しにするかも知れない」と無理矢理、供のものを帰してしまう。案の定、兄の命を受け討ち取るつもりでやって来た水野の侍たちは「遅かった」とくやしがったという。

　於大の方を離別したあと、広忠は渥美郡田原城主戸田康光の娘真喜姫を後妻に迎えている。また離別された於大は織田方の阿古居城主の久松佐渡守俊勝と再婚、三男四女をもうけた。桶狭間の戦いで今川方から独立した家康は、於大とその子供たち、つまり生母と異父弟たちを引きとっている。

今川の人質

完全に今川氏の属領となった三河の松平家が、忠誠の証《あかし》として今川に差し出

したのが、広忠の嫡男竹千代だった。ここでまた災難が起きる。護送を受け負った広忠の後妻真喜姫の父戸田康光が、主家の松平氏を裏切って織田方に寝返ったのである。その手土産として竹千代を連れ去ったという。竹千代は織田方の熱《あつ》田《た》に送られ、織田方で三年間を過ごすこととなった。

　このことによって織田信秀は、松平家に織田方と手を組むようにしきりに迫って来た。しかし広忠は嫡男の命より今川との同盟を重く見る。ところがまたここに松平家にとって大事件が起きた。息子の命より自らの命を落とすこととなったのである。天文十八年（１５４９）、広忠二十四歳のとき、近臣に殺害されてしまう。しかもそのときの刀が清康殺害のときと同じ村正だった。ふたたび松平家は君主不在、崩壊の時を迎えたのだった。

　そんな時、織田家から竹千代奪還の奇策を思いついたのが、今川の軍師太原雪斉だった。まず織田方の三河の最前線である安城城を七千の大軍で攻め、城主である織田信秀の嫡男信広を生けどりにしてしまう。そこで信秀に信広、竹千代交換の話をもちかける。さすがの信秀もその申し出を受け入れざるを得ず、尾張の笠寺で人質交換が行われた。雪斉の見事な作戦勝ちであった。

　しかし義元は甘くはなかった。「これで若君が岡崎城に戻ってくる」と安堵

の胸をなでおろした家臣たちの思いを裏切り、亡父広忠の墓参を済ましただけで、竹千代はあらためて駿府に人質としてつれて行かれ、三河は完全に今川のものとなってしまった。

桶狭間の戦い

『御当家紀年録』という史料をはじめ、竹千代の駿府での人質としてのエピソードは数多く残っている。「人質」という言葉からは暗いイメージを受けるが、竹千代はむしろ「客分」という扱いではなかっただろうか。事実、この人質時代に竹千代は元服もし、結婚もしている。しかもこの人質には七人の家臣団がつき従っている。ただの遊び相手なら今川家の子弟たちで充分だろう。竹千代と同年輩、あるいは年上の「三河武士」たちが側にいたのだ。逃げようと思えば、いつでも逃げられる状態にあったといっていい。

　しかも当時の傑出した文化人であり、義元のよき軍師でもあった太原雪斉からも「英才教育」を受けている。自分の後継者氏真と同じ教育を受けさせた義元には、竹千代の将来に並々ならぬ期待があったからではないだろうか。

　さらにそれを裏づけるのが築山殿との結婚である。弘治元年（１５５５）、

十四歳で元服し義元の元の字をいただいて元信と名乗った竹千代は、同三年、義元の重臣である関口義広（親永）の娘瀬名（築山殿）と結婚。関口の妻は義元の妹といわれ、つまり築山殿は義元にとっては姪。自らの姪を嫁がせたということは、やはり元信をやがては自分の良き同盟者とみたからだろう。

翌永禄元年（１５５８）、十七歳になった元信に初陣のチャンスが訪れる。それまで今川方だった三河の寺部城の鈴木重辰が織田方に寝返ったのだ。義元から出陣を命じられた酒井忠次、本多重次など岡崎衆の活躍はめざましかった。元信は初陣をみごとな勝利で飾ったのである。義元はこの軍功の賞として松平氏旧領のうち山中三千貫文の地を元信に返還している。またこの初陣にあたり元信は名を祖父の清康にあやかって元康と改名したのは先述の通りである。

そして永禄三年、戦国史上でも名高いあの桶狭間の戦いが起こる。今川義元は二万五千の大軍を率いて駿府を出発した。義元の目的は、京に旗を立てることではなく、三河・尾張の国境地帯の紛争を片づけ、信秀亡きあと織田家を継いだ信長、「おおうつけ」と評判の信長に一泡吹かせるための出陣というのがいまは通説となっているが、義元の本心はどの辺にあったのだろうか。

元康の活躍で、織田方の大高城、丸根城を攻め落とした義元には、やはりお

ごりがあったのだろう。桶狭間の田楽ヶ窪で普通、戦場では考えられない酒宴を始めたのだ。そこに信長率いる二千の決死隊が突っ込む。あっけない義元の最期だった。大高城で休息中に義元討ち死にの報を受けると、前途を悲観した元康は、松平家の菩提寺であった大樹寺に入り自害しようとするが、住持の登誉天室にさとされ、今川が放棄した自分の城、岡崎城に帰り、以降、今川から離れて独自の軍事行動をとることになる。永禄六年、元康は家康と改名、松平家康となった。あらためて今川と断交し、織田信長と清洲同盟を結ぶ。

　これには義元のあとを継いだ氏真の怒りは激しく、後々まで「松平逆心」「三州錯乱」などと憤りを見せていたという。

信長の同盟者として

　その年の九月、若き元康最大の危機といわれる三河一向一揆が勃発。当時、浄土真宗のことを一向宗と呼んでおり、一向宗門徒たちの一揆をそう呼んだ。家臣の多くが、元康のもとを離れて一揆側につき、のち家康の懐刀とさえ呼ばれた本多正信も一揆側のひとりだった。

　一向一揆は翌永禄七年まで続いたが、今川氏から独立したばかりに家康に

とっては最大の試練となった。しかし家康は一揆と徹底的に戦うことで、その危機を乗り切る。一向一揆を鎮圧したことにより、西三河支配を盤石なものとする。そして同年、東三河の今川氏の拠点吉田城を奪い、さらに田原城も攻略し、あっという間に東三河、奥三河の制圧にも成功し、名実ともに三河一国の支配者となった。そして永禄九年、朝廷から従五位下・三河守に叙任され、名も松平から徳川姓に改め、ここに徳川家康の誕生となった。

元亀元年（１５７０）、家康は生まれ故郷の岡崎から遠江の曳馬《ひくま》に移ると、そこを浜松と改め、浜松城を築き、以降ここを本拠地とした。落魄《らくはく》の今川氏真も浜松に迎え、庇護するという情の深さも見せている。

またこの年、家康は信長の援軍として近江（滋賀県）姉川に出陣し、浅井長政の軍を相手に多くの戦功を挙げた。さらに、信長によって将軍職に就けてもらいながら、その後、反目した足利義昭が、武田信玄、朝倉義景、浅井長政ら反織田勢力を糾合して信長包囲陣を組んだ際、家康にも副将軍を餌《え》に協力を求めてきたが、家康はこれを拒否、律儀にも信長との同盟を守り通した。

三方ヶ原の戦い

元亀三年、甲斐（山梨県）の武田信玄が西上作戦を開始する。その頃、家康は外交政策を転換し、信玄との関係を断ち、越後（新潟県）の上杉謙信と同盟を結ぶ。そのため信玄も動くことが出来なかったが、元亀二年に小田原の北条氏康が死に、信玄の娘を娶《めと》っていた氏政が家督を継いだとたん、北条氏は親武田となり、そのため信玄は、相模・武蔵方面に注いでいた力を遠江（静岡県西部）に投入出来る態勢が出来あがった。信玄率いる二万五千の大軍が駿河（静岡県東部）から大井川を渡って遠江になだれ込んできたのである。

信長はその頃、浅井・朝倉軍と戦っており、家康支援に多くの兵力をさくことが出来ず、家康軍は織田から来たわずかの兵力を合わせても一万一千に過ぎなかった。どう考えても勝ち目のない戦いであった。家康は、野戦では勝ち目がないと決めると籠城作戦に出る。浜松城に籠城している間に信長の援軍が来て、浜松城包囲の武田軍を挟み撃ちに出来ると考えたのである。しかし信長軍は来なかった。さらに包囲すると見た武田軍は、城下を素通りして城の西北、三方ヶ原の台地に上がってしまった。それに挑発されて、血気にはやる三十一歳の家康は飛び出して行ったというのが通説である。「籠城した城を落とすのは容易ではないが、野戦に持ち込みさえすれば戦国最強といわれた武田騎馬軍

団の勝ち」という老練な信玄の作戦にまんまとはまったといっていい。

　信玄の大軍が三方ヶ原の台地をつっきり祝田の坂を下り始める頃合いを見て、家康は全軍に追撃を命じた。ところが三方ヶ原に家康軍が到着した時、意外やそこに信玄の軍勢が待ちかまえていたのである。この時、家康は切り死にを覚悟したという。それを思いとどまらせたのはまわりの家臣たちだった。次々と家康の身変わり、影武者を立てて時間をかせいだ。家康のよろいを着けたり、采配をかわりにかざしたりして死んで行った夏目吉信たちである。

　家康は逃げに逃げ、最後はただ一騎となって浜松城にかけ込んだ。家康生涯ただ一度の負け戦さといわれる無残な負け方だった。ところが何を思ったか城内にたどりついた家康は、門を開けたままにして、かがり火を盛大にたくように命じた。浜松城の堀ばたまで迫った武田方の山県昌景と馬場信房は、開け放たれた城門と天までこがすかがり火を見て、さらに城中で打ち鳴らされる太鼓の音を聞いて、「必ず何か計略があるに違いない」と兵を引いたといわれる。

　この奇策は中国の『三国志演義』の中に出てくる。魏《ぎ》の司馬《しば》仲達《ちゅうたつ》が大軍で蜀《しょく》を攻めてきた時、蜀の軍師諸葛孔明《しょかつこうめい》は城門を開き、楼上で琴を弾いたという。城中に何か計略があるにちがいないと思った仲達は、攻めるのをやめて軍を引

いたという故事である。

家康がそこまで考えたかどうかわからないが、かろうじて危機を脱出したのは確かであろう。そして武田軍は信玄の突然の死により甲府に引きあげた。

この武田軍の西上作戦の頓挫《とんざ》により、信長は一気に反対の勢力を撃滅し、天正三年（１５７５）の長篠の戦いでは、戦国最強といわれた武田騎馬軍団を鉄砲隊で完膚なきまで叩きのめした。この頃から徳川と織田の関係は対等でなくなり、家康は信長を頂点とする織田軍団の一大名となった。

そして、天正七年、家康は、正室築山殿と嫡男の信康が、武田方に内通しているという疑いで、信長から詰問を受ける。信長に通報したのは信長の長女で信康の妻となっていた徳姫だったという。義母の築山殿との不和もその背景にあったのだろう。そこで事実関係の確認のため、信長と家康の家臣酒井忠次が会見するが、忠次ははっきりと信康の無実を弁明出来ずに戻ってしまう。

信長は両人の殺害を命じた。当時の状況からみて信長に叛くことは不可能と判断した家康は、築山殿を斬殺し、二俣城内に軟禁していた信康を自刃に追い込む。この事件は家康終生の痛恨事《つうこんじ》となったのである。

本能寺の変と秀吉の台頭

その信長も天正十年、重臣明智光秀の手によって、京都本能寺で非業の死を遂げる。信長の遺体すら発見されなかったため「日本史最大のナゾ」といわれる本能寺の変である。家康は堺にいた。信長から安土城で過分の饗応を受けたあと、名だたる商業都市堺を視察中の出来事だった。翌日は本能寺で開かれる信長主催の茶会に出席するため上洛する予定だった。そしてここから「神君伊賀越え」と後世語られる出来事が始まるのだ。

信長横死の知らせを受けた家康は、「信長公のあとを追ってここで自害する」といって狼狽するが、同行の本多忠勝らに説得され、再起を目指して本国三河へ帰還す決心をする。その時、大活躍するのが服部半蔵率いる伊賀忍者の集団だった。当時、堺から三河へ向かうとなると最短ルートは海路だが、紀伊半島各地には独立した海賊衆も多くいて危険と判断し、陸路を選んだ。伊賀から伊勢湾に抜けてそこから海路で三河へ戻った。時間がかかったが、家康にしてみれば織田の諸将は各地に転戦していて、急遽京都にとって返すことなどまず不可能だろうとの予測があったはずだ。

ところが羽柴秀吉だけが、中国の毛利氏と和睦を結ぶと、ただちに京都に軍を進めて来た。「中国大返し」である。そして山崎の戦いで明智光秀を討ちとった秀吉株は急上昇し、家康の立場は微妙なものとなった。信長の後継を決める清洲会議にも招かれていない。しかし、武田氏の滅亡、信長の死で領主がいない空白地帯となった各地で反乱や争奪が起きるが、これを制した家康は、甲斐、信濃、駿河、遠江、三河の五ケ国を領する大大名にのし上った。

一方、秀吉は信長の嫡孫三法師を擁して清洲会議を主導、これに抵抗する柴田勝家を賤《しず》ケ《か》岳《たけ》の戦いで破り、天下取りへの一歩を踏み出した。この時、勝家から出陣の要請があったが家康は断っている。そればかりか、秀吉の勝利を祝して石川数正を使者として名物の茶器「初花の肩衝《かたつき》」を贈っている。

小牧・長久手の戦い

その頃までは家康と秀吉の関係はうまく行っているように見えるが、それは表面上のことであって、秀吉の織田政権略奪の動きが顕著になって行くと、両者の友好関係も崩れてくる。そして家康が秀吉との戦いを決意するのは年が改った天正十二年である。信長の三男の信孝が秀吉によって切腹に追い込まれ

たり、二男の信雄が秀吉に疎まれたりするのを見た結果かも知れない。小牧・長久手の戦いの始まりである。秀吉に戦いを挑んだ信雄を家康が応援するという名目で始った戦いであったが、秀吉軍十万に対し、信雄・家康軍はせいぜい三万、圧倒的な数の差だったが、秀吉、家康とも本気で戦う意欲はなかったと見るのが妥当だろう。

局地戦では秀吉側の猛将池田恒興・元助父子や森長可の討ち死にがあったが、その年の十二月に講和となった。局地戦（バトル）では家康が勝ち、大局（ウォー）では秀吉が勝ったといわれるが、のち徳川側では「家康公の天下取りは大坂（の陣）にあらずして関ヶ原にあり、関ヶ原にあらずして小牧にあり」と言われているのも面白い。

家康は講和の条件として、次男の於義丸を養子という名目で秀吉に差し出した。後の羽柴秀康、すなわち越前宰相結城秀康である。この講和を境に、家康は秀吉と再び親しい関係を築いて行くこととなる。

豊臣政権の実力者として

天正十三年（１５８５）、秀吉は朝廷から関白に補任された。同じ年、家康

も居城を浜松から駿府（静岡市）に移す。翌年には秀吉は豊臣の姓を賜り、太政大臣に就任、公家の世界でも頂点に立った。天下人となった秀吉は、家康に大坂にくるよう促すが、家康はなかなか腰を上げない。ついに最後の家康懐柔策として、秀吉は妹の朝日姫を長年連れ添った夫と離別させ、家康の正室として差し出した。さらに母である大政所《おおまんどころ》まで家康の居城岡崎に送り込む。大坂に来る家康の身を保証するための人質だった。

ここまでくるとさすがの家康も動かざるを得ず、天正十四年大坂城で秀吉と謁見、並みいる大名たちの前で秀吉に臣従することを誓う。そして、これから「関ヶ原」までの約十四年間、家康は秀吉配下屈指の実力者として豊臣政権の一翼を担うことになる。

家康と義兄弟になったことで東の脅威がなくなった秀吉は、いよいよ九州平定に乗り出す。薩摩（鹿児島県）の島津氏に攻められた豊後（大分県）の名門大友宗麟《そうりん》が秀吉に泣きついて来たのがきっかけだったが、二十万を越える大軍で攻め込んで来た秀吉軍の前に、島津を始め、九州の諸大名たちは、降伏する。

九州を統一した秀吉の最後の敵が小田原の北条氏だった。北条早雲以来、関東に覇を唱える北条氏は、嫡男の氏直が家康の長女督姫と結婚していたため、

家康が降伏を促すが、隠居として実権を握る父の氏政は首を縦に振らない。ついに天正十八年、二十万の大軍を率いた秀吉の小田原征伐が始まる。先鋒を勤めた家康は、戦後の論功行賞として、領国五ヶ国の代わりに滅亡した北条氏の旧領関八州に移封となった。縁の深かった三河などを失うのは残念だったが、百五十万石から二百五十万石へと類のない加増だった。そしてここから徳川の本拠地江戸の町作りが始まる。

小田原征伐と同時に、秀吉は群雄割拠が続く奥州一帯にも兵を進めると発表すると、伊達政宗ほか奥州の大名たちが、続々と秀吉に謁見、所領の安堵を求めてきた。こうして秀吉は軍を進めることなく、全国統一を成し遂げた。

関ヶ原

そして、家康は表面上はよきパートナーとして豊臣政権を支えてゆく。後世、愚挙といわれる朝鮮出兵では、そのため疲弊した西国の大名たちと違って、留守を守った家康の力はますます盤石となって行った。秀吉の推挙によって内大臣に任じられ、「江戸の内府」として豊臣政権五大老の筆頭となる。ちなみに五大老とは、家康のほかは前田利家、宇喜多秀家、上杉景勝、毛利輝元の五名

であるが、力は圧倒的に家康だった。秀吉自身も死後のことは家康に託してしたことが、残されている諸資料によって明らかである。

さらに死期を悟った秀吉は、石田三成など実務を遂行する五奉行を任命するが、その中でも家康に対抗出来るのは三成だけといってよく、三成自身も「秀吉の死後、政権を簒奪するのは家康」と見ており、両者の対立は深まってゆく。

慶長三年（１５９８）、秀吉が亡くなる。さらに家康と三成ら五奉行との仲介役をしてきた前田利家もこの世を去ると、家康の天下となった。秀吉が生前に諸大名は勝手な婚姻を結んではならないと決めていたのに、まず自分の六男の忠輝と伊達政宗の娘五郎八《いろは》姫《ひめ》の結婚を決める。続いて自分の養女を福島正則の子正之に嫁がせたり、同じく養女を蜂須賀家政の子至鎮《よししげ》に与えるなど、政略結婚を押し進めた。これで三成たち五奉行と家康の対立は決定的となった。

そしてついに慶長五年九月十五日、「天下分け目」といわれる関ヶ原の戦いとなる。家康率いる東軍七万四千に対し三成の西軍八万二千という大軍が、美濃（岐阜県）関ヶ原で対峙した。午前八時ごろだったという。当初、西軍有利と見られたが、正午をまわった頃、小早川秀秋の裏切りによって西軍は総崩れとなる。島津義弘隊だけが、戦場にとどまっていたが、それも敵中突破という

意表をついた作戦で離脱して行った。そして午後三時には西軍は関ヶ原からすべて姿を消した。家康の圧勝であった。

勝った家康は、ただちに大がかりな戦後処理を行い、西軍にくみした大名八十七家の領地四百十四万六千石を没収し、それを東軍の諸将に分配し、また自身の直轄地も大きくふやした。そして慶長八年、家康は征夷大将軍の宣下を受け、江戸に幕府を開く。

さらに慶長十九年の大坂冬の陣、翌二十年の夏の陣で豊臣氏を亡ぼすと、文字通り徳川氏は日本の国王となった。三男の秀忠に将軍職を譲ったあとは駿府に居住、大御所としてにらみを効かせた。

元和二年（１６１６）、鷹狩に出た先で倒れ、三ヶ月後、駿府城で死去。七十五年の波瀾に富んだ生涯だった。遺体は久能山に葬られ、一周忌を経て日光東照宮に改葬された。神号は天海がつけた東照大権現《ごんげん》である。

徳川軍団15人（生年順）

酒井忠次

さかい ただつぐ

1527〜1596

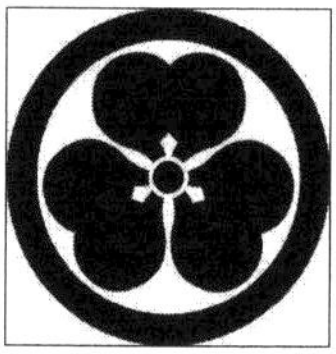

本多忠勝、榊原康政、井伊直政と並ぶ徳川四天王のひとり、というよりその筆頭とされる酒井忠次。家康第一の功臣といっていい。

大永七年（１５２７）、松平（徳川）氏の譜代家臣酒井忠親の次男として生まれる。酒井氏は松平氏の祖である親氏と兄弟といわれ、幾重もの深い血縁で結ばれている。忠次は家康にとって、父母双方の妹の夫、つまり義理の叔父ということになる。

忠次は元服のあと家康の父である松平広忠に仕え、まだ竹千代と呼ばれた家康が人質として今川家に赴いた時、従った家臣のひとりであった。年令も同行した家臣の中でも二十三歳と最高齢だったため、影に日に家康を支え、よき兄貴分として、のち天下人となる家康に生涯を尽くした。

永禄三年（１５６０）、桶狭間の戦いで今川義元が信長に討ち取られると、その間隙を縫って人質だった家康は独立、父祖の地岡崎城に入ると、忠次は家

老となる。三年後に三河一向一揆が勃発すると、松平家臣団の多くが熱烈な一向信徒だったため家康に敵対するという、家康最大の危機が訪れるが、忠次だけは家康の側にあった。

さらに元亀元年（１５７０）の姉川の戦いではまっ先に朝倉軍に突入し、戦端の火蓋を切り、続く三方ケ原の戦い、長篠の戦いでも多くの戦功を挙げ、家康の信頼はますます厚くなった。時を隔てた天正十二年（１５８４）の秀吉との小牧・長久手の戦いでも森長可を敗走させるなど、家康の戦いのほぼすべてに参陣し、活躍した。

ただひとつ家康の機嫌を損ったのが、家康の嫡男の信康切腹事件である。長篠の合戦のあと、信康に嫁いでいた信長の娘五徳が、信長に夫信康とその母の築山殿が武田方に内通していると密告して来た。

その弁明のため天正七年、大久保忠世とともに安土城の信長のもとに派遣されたのが忠次だった。

しかし、忠次の必死の釈明も信長に通じず、信長は「信康を切腹させよ」と冷酷な断を下す。信長の報復を恐れた家康は断腸の思いで、信長の命の通りにするが、生涯、家康はこのことを悔いていたといわれる。後年、忠次がわが子

の加増の件で家康に懇願した際、「そちも子が可愛いか」と皮肉を言われたという。

この通説には疑問点も多く、信康の切腹は家康の意志であったとの説もあり、いまだに謎のままである。

忠次は以後も家康の重臣として仕え、徳川家のため粉骨砕身したことを考えれば、やはりこの事件は家康の判断だったのかも知れない。

天正十三年、同じく徳川家の宿老だった石川数正が豊臣秀吉のもとに出奔すると、忠次は徳川第一の重臣となり、朝廷からも家中で最高位の従四位下、左衛門督に任官される。

そして、同十六年に長男の家次に家督を譲って隠居するが眼病にかかり、ほとんど盲目に近かったという。

慶長元年（1596）、京都桜井屋敷で死去、七十歳だった。幼少の頃から家康に仕え、功なり名を遂げた生涯だった。

家督を継いだ家次は下総《しもうさ》臼井藩三万石から越後高田藩十万石となり、その子孫は出羽（山形県）庄内藩十七万石と譜代大名屈指の大身として明治維新まで続いた。

大久保忠世
おおくぼただよ
1532～1594

天下を取った徳川家康の重臣で、小田原城の城主。戦場では常に先鋒を務め、阿修羅の如く暴れまくるが、平時は部下を愛し、慈しむという、徳川家随一の人望家だった。大久保忠世の下でみんな死にたいと願ったという。

天文元年（１５３２）、大久保忠員の長男として誕生した。大久保家は、家康の祖父松平清康からの臣下で、忠世の家はその大久保家の支流ながら、戦いのたびに大手柄を挙げ、本家の忠俊家をしのぐようになり、主君家康の信頼も厚かった。

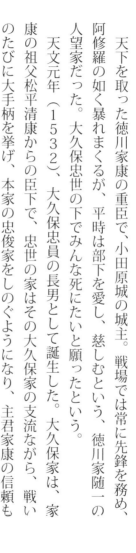

永禄六年（１５６３）の三河一向一揆の際には、徳川家譜代の多くが信仰心厚く、一揆側についたが、忠世は一貫して家康のもとにあって奮戦し、徳川家最大の危機を救った。

武田家滅亡のきっかけとなった長篠の戦いでも、三百の鉄砲隊を率いて、弟の忠佐や与力の成瀬正一らと共に大活躍し、織田信長からは「よき膏薬《こうやく》のよう

だ。敵にくっついて離れない」とユーモラスな賞賛を受けている。

こんなエピソードもある。天正元年（１５７３）、遠江の犬居城を攻略した時、忠世は崖下に転落してしまった。崖上には敵兵三人が待ち構えている。忠世は這い上ると、三人が同時に刀をふり上げた間隙をついて、一瞬のうちに三人の両股を斬った。

以来その刀は三人の両股だから「六股」と名づけられ、大久保家の家宝となったという。

また長篠の戦いのあと、忠世は家康に武田方から奪った二俣城の城主に任じられ、再びの武田方の来襲にそなえ、大改修を行った。そのため、二俣城はその後の武田側のたびたびの来襲にも落城しなかったほど見事な改修だった。この二俣城は、家康の長男松平信康が、若くして家康に切腹させられた因縁の城としても知られる。

天正十年の本能寺の変のあと、家康は甲斐・信濃に勢力を拡大するが、忠世も信州惣奉行として活躍、大いに名を上げる。

しかし天正十三年の上田合戦には、鳥井元忠らと参戦するが、さすがに戦功者の真田昌幸の前に敗れている。

また忠世の武功のひとつとして三方ケ原の戦いのあとの活躍がある。家康、生涯唯一の負け戦として有名な三方ケ原の戦いが終ったあと、味方を励ますため、忠世は天野康景とともに武田の陣のあった犀ケ崖を夜陰に乗じて銃撃し、混乱に落とし入れ、敵将信玄に「勝ちてもげに恐ろしき敵かな」と賞賛されたという。

この話は忠世の弟大久保忠教《ただたか》が著した『三河物語』に書かれているため、ホラ話かも知れない。大久保忠教は、通称彦左衛門として有名。映画やドラマでよく登場する駿河台のご隠居で、「天下の御意見番」として大だらいにのって登城、将軍家光に堂々と物言える人物として描かれているから多くの方はご存知であろう。

大平の徳川の世になってから彼の著書『三河物語』が当時の体制に不満のあった武士たちに支持され、忠教はヒーローとして持てはやされた。そんな忠教の書であるから、多くは誇張があったという。

小田原の北条氏滅亡のあと、忠世は秀吉の助言もあって小田原城四万五千石の城主となった。

そして、その四年後に死去。家督は嫡男忠隣が継いだ。

石川数正

いしかわ かずまさ

1533〜1593

酒井忠次とともに長いこと家康の股《こ》肱《こう》の臣として活躍していた石川数正は、小牧・長久手の戦いのあと秀吉側に走った、いわば裏切り者というのが通説だが、家康の命によって秀吉側にスパイとして送り込まれたという説もかなり根強い。

石川数正は、天文二年（１５３３）、石川右馬允康正の子として三河（愛知県）で誕生。祖父は石川清兼、石川家成は叔父にあたる。家康が、今川義元の人質となっていた頃から近侍として仕えていたという。

永禄三年（１５６０）、桶狭間の戦いで今川義元が敗死すると、家康は独立、その際、数正は義元の子氏真と交渉し、人質となっていた家康の嫡男信康とその母である家康の正室築山殿を奪還した。

さらに永禄五年、織田信長と交渉し、清洲同盟成立に大きく貢献したため、数正の徳川家における地位は大きく上った。

さらに翌年、三河一向一揆が起こると父の康正は家康を裏切るが、数正は浄土宗に改宗して、家康に尽くした。その後、数正は家康から家老に任じられ、酒井忠次と並び「両家老」と呼ばれるようになる。また家康の嫡男信康が元服すると、その後見人となる。

一方、永禄十二年、西三河の旗頭だった叔父の家成が掛川に転出すると、かわって西三河の旗頭となり、元亀元年（１５７０）の姉川の戦い、翌々年の三方ヶ原の戦いなどで数々の武功を挙げて、押しも押されもせぬ徳川の重鎮となった。さらに天正七年（１５７９）、信康が切腹させられると、代わって岡崎城代と栄進を続ける。

そんな数正だったが、天正十三年、秀吉と家康が対峙した小牧・長久手の戦いで、秀吉との交渉役を担っていた数正が突然、岡崎城を出奔、秀吉方に寝返った。

これは家康にとっては全く寝耳に水の行動で、さすがの家康も大いに動揺したといわれる。

そもそも石川数正が、はじめて家康の命を受けて秀吉のもとを訪れたのは天正十一年五月、賤ケ岳の戦勝と越前平定の祝賀を述べるためであった。この時、

数正は家康からの贈り物として「初花」の茶壺を届けている。「初花」は当時「天下三肩衝《かたつき》」のひとつといわれた名器だった。引見した秀吉は家康の好意に深謝し、数正を懇遇した。

おそらく秀吉に会った家康の家臣は、このときの数正が最初だったのではないか。

その後、天正十二年から始った小牧・長久手の戦いは、一種の外交戦、心理戦だった。戦闘では徳川軍が有利であったが、大きな眼でみれば、秀吉の総合的戦略が勝ったといっていい。

秀吉は家康側の織田信雄と交渉し、和議にもちこむと、家康は数正をもとに遣わして和議の成立を祝賀させた。

しかし軍事的緊張はまだまだ続いていて、徳川方で和議を唱えるのは数正ただひとりであった。家康でさえ、数正の意見に耳を傾けなかった。

いたたまれなくなった数正が出奔にふみ切ったと考えるのが妥当ではないだろうか。

羽柴陣に転じた数正には、天正十八年、信濃（長野県）松本八万石が与えられた。そしていまなお国宝として残るあの松本城を築くのである。

南光坊天海《なんこうぼう てんかい》

1536〜1643

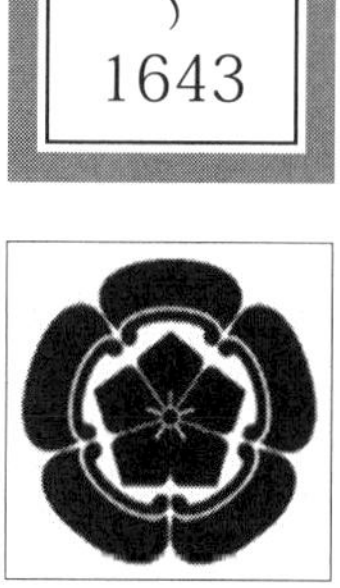

武将ではないが、徳川家康の懐刀として、政策に大きく関与した傑僧だが、前半生は謎だらけである。死亡した時の年齢さえ定かではない。

諸説ある出自を整理してみると、一、足利十一代将軍義澄の御落胤。二、古河公方足利高基の子。三、三浦氏の末葉。四、会津の蘆名盛高の一族。五、船木氏の出身などがあり、果ては明智光秀説まである。

明智光秀の項でも述べるが、秀吉との山崎の合戦で戦死したのは、ニセもので、本人は家康の庇護のもと生きのび、天海となって家康に協力、憎き秀吉に仕返しをしたというわけだ。

またこの説を取れば、三代将軍家光の乳母として、また大奥の創始者として、幕閣に権勢をふるった春日局は、逆臣光秀の重臣斉藤利三の娘であるのに、なぜあれだけ家康に信頼されたかの謎も解ける。

生前、天海に「お生まれになったのはいつ、どこですか」と尋ねた者があっ

たが、天海は「ひとたび仏門に入った身には、そういうことは知る必要もない」といって答えなかったという。

しかし現在では、天文五年（１５３６）正月一日、陸奥（福島県）大沼郡の生まれ。父は船木景光、母は蘆名氏という説が有力である。家康より六歳年長で、秀吉とはまさに生年月日が同じとなる。やはり両方とも後で作られた伝説かも知れない。

十四歳で下野（栃木県）宇都宮の粉河寺で天台宗を学び、さらに延暦寺や園城寺、興福寺などで学を極めたという。そして武田信玄の招聘を受けて甲斐に移住した後、蘆名氏に呼ばれて若松城（黒川城）の稲荷堂に住み、天正十六年（１５８８）には武蔵（埼玉県）の川越の喜多院に移り、ここで初めて天海と名乗る。

家康との出会いは慶長十三年（１６０８）とも十四年ともいわれるが、家康は天海の法話に魅了され、「天海僧正は仏なり、惜しむらくは、相識ることの遅かりつるを」と残念がったというから、多分この頃だったのだろう。

そして天海の名を世間に知らしめたのは家康死去の際の神号を決めたことである。家康死去に伴い、その神号を決めるにあたって、天海、林羅山、本多正純、そして金地院崇伝の家康側近の四名が集められた。崇伝の「明神」に対し

て天海は「権現」を主張する。秀忠はじめ幕閣の要人たちは二人の争いに困惑するが、天海の最後の一言、「明神はなりませぬ。豊国大明神をご覧ぜよ」と云ったのが決め手となった。

　豊国大明神とは亡き豊臣秀吉に贈られた神号である。

　この神号奏請のため上洛した天海は、朝廷から大僧正に任ぜられた。大僧正は宗教界最高の僧階を現わし、天海は僧侶として日本の最高位に達したのである。

　家康の死後、秀忠は天海への信頼を一層深め、さらに三代家光が日光東照宮を大造営すると、天海は日光山に登って造営の儀式を行った。この時、天海はすでに百歳であった。

　そして寛永二十年（１６４３）、日光山相輪樘《とう》の立柱式が行われると百八歳の老躯を押して天海は日光山に登り法要を指揮した。これが天海の最後の仕事となった。

　同年十月、斉戒沐浴し、身に新しい衣裳をまとって天海は静かに死を迎える。遺体は日光山の家康神廟のかたわら大黒山に埋葬された。

本多正信

ほんだ まさのぶ

1538〜1616

天下人となった徳川家康から「朋友《ほうゆう》の如し」と言われ、その懐刀として重きをなした本多正信の半生は、決して平坦なものではなかった。

天文七年（１５３８）、本多俊正の次男として三河の国に生まれる。家康に仕えた最初は鷹匠としてであった。桶狭間の戦いには、当時まだ今川義元の配下であった家康に従い従軍、膝を負傷し、そのため生涯足を引きずるようになったという。

永禄六年（１５６３）、三河一向一揆の際には、家康を見限って一揆側に加担する。やがて家康によって一揆が鎮圧されると、帰る所のなくなった正信は三河を出奔、諸国流浪の旅に出る。この旅によって正信の情報収集力、分析力が大いに培われたといっていい。それは武勇一辺倒の三河武士団にはない特殊技能だった。

また一向一揆側と深く関った正信の経験も、天下を掌握した家康にとって役

立つものだった。

出奔した正信はまず大和《やまと》（奈良県）の松永久秀に仕えるが、やがてそこも去って本格的に諸国を放浪する。

石山本願寺とともに信長と戦っていたという説もあるが、この間の正信の行動は謎に包まれていて確かめようがない。

やがて大久保忠世を仲介に、家康への帰参を願い出て許されるが、家中からの反発は並ではなかった。不忠者、裏切り者と罵倒されるが、さすが家康は正信の才を見抜き、側近として重用した。

天正十年（１５８２）の本能寺の変のあとの家康の伊賀越えにも同行。その後、家康が旧武田領併合を進めると、奉行を任せられた正信は、本領安堵を条件に武田家臣団を味方につけ、彼らを徳川家臣団に組み入れるという大事業を成し遂げ、その能力を最大限に発揮する。

そして実際、甲斐・信濃の統治も担当した。天正十八年の小田原征伐のあと家康が関東に移ると、正信は相模《さがみ》（神奈川県）の玉縄で一万石を与えられ大名となる。

慶長五年（１６００）の関ケ原の戦いでは徳川秀忠軍に従い、中山道から関

ケ原を目指すが、信濃の上田で真田昌幸軍に阻まれ遅参。関ケ原に到着した時にはすでに戦いは終わっていた。

この時、秀忠に上田城攻めを中止するよう正信は進言するが、容れられなかったといわれる。

あとで家康から、「そちがついていながら」と愚痴を言われたというが、それほど家康の信頼も厚かったのだろう。

慶長八年、家康が征夷大将軍を宣下され、江戸に幕府を開くと、正信は最側近として幕政を実際に動かすようになる。いまでいえば首相の地位である。

家康と正信は、多くの言葉を交わさずとも、お互い心の奥底まで見抜くことができたという。それを裏づける逸話も数多く残っている。

二年後、家康が隠居し、大御所となり駿府（静岡市）に移り、三男の秀忠が第二代将軍となるが、正信は江戸にとどまり相変らず幕政に参画、秀忠の良き相談相手となった。

元和二年（１６１６）四月、家康が死去すると、正信も家督を嫡男の正純に譲り隠居、一切の政務から離れるが、同年六月に死去。主君の家康に遅れることわずか二ヶ月であった。まさに主君家康とともに歩んだ生涯といえる。

鳥井元忠

とりい もとただ

1539〜1600

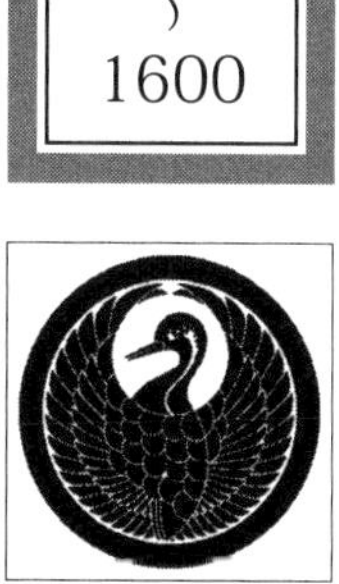

家康より三歳年上だが十三歳の時から人質時代の家康に仕えた忠臣。関ヶ原の戦いの直前、上杉討伐に向かった家康にかわって、伏見城に残り、わずか千八百の手勢を率いて、西軍の猛攻に立ち向かい、壮絶な戦死を遂げた名将として知られる。平岩親吉とともに「三河武士の鑑《かがみ》」といわれる所以《ゆえん》である。

天文八年（１５３９）、鳥井忠吉の三男として三河（愛知県）碧海郡に生まれる。次男ともいわれる。父忠吉は岡崎奉行などを務めた譜代である。家康の三河統一のあと、旗本先手役となる。

そして長兄忠宗が戦死、次兄は出家していたため、元亀三年（１５７２）に父が死去すると家督を相続する。

その後、姉川の戦い、三方ヶ原の戦い、長篠の戦い、高天神城の戦いなど、家康のすべての戦いに従軍、数々の武功を挙げた。天正十年（１５８２）の北条氏忠、氏勝軍の別働隊一万を二千の兵で撃退、北条勢約三百を討ち取る。こ

の功により戦後、家康より甲斐都留郡（山梨県都留市）を与えられ岩殿城、続いて谷村城主となった。元忠には、印判状（武家文書）の発給も許されていて、いかに家康の信頼を受けていたかがわかる。

そんな元忠も、天正十三年の真田昌幸との上田合戦では、大久保忠世、平岩親吉とともに七千の兵を率いて戦うが、智将昌幸の作戦に翻弄され、撤退を余儀なくされた。

天正十八年の小田原征伐のあと、家康が関東に移封されると、下総矢作（千葉県香取市）四万石を与えられる。常陸（茨城県）の佐竹氏や仙台の伊達氏などの南下に対する備えだったという。

慶長五年（１６００）、家康が会津の上杉景勝征伐のため出兵すると、元忠は伏見城を預けられる。伏見城は、家康が秀吉亡きあと、五大老筆頭として政務を執っていた城である。もちろん家康の腹のうちは、会津征伐は表向きの作戦で、これに呼応して石田三成が兵を挙げると読んでいた。

家康の読み通り、三成は五大老のひとり毛利輝元を総大将とし、宇喜多秀家を副将として、家康打倒の軍勢九万四千を結集して出兵を待つばかりであった。その際、豊臣家の奉公衆から伏見城を守る鳥居元忠に、伏見城の明け渡しを命

じて来た。伏見城はいまは徳川殿に預けているが、もともとは故太閤殿下の築いたもの、ただちに城を開き、徳川殿に忠を尽くすがよい、という勧告であった。

慶長五年七月十八日、大坂の使者を追い返した元忠は、翌十九日城中の将兵を集めて決死の覚悟を伝え、訣別の宴を開いた。小早川秀秋、島津義弘など三成側の諸将が伏見城攻撃を開始したのは、この日の夕方からだった。

しかし城中の兵たちはよく防戦し、十日たっても陥落させることが出来なかった。七月二十九日、石田三成が佐和山城を出て伏見に到り、諸将を叱咤激励したため、士気は一気に上り敵兵は城の際まで肉薄した。

八月一日、天守閣が炎上すると家臣たちは元忠に自害をすすめるが、元忠はこれを受けず、「こたびの合戦は討死を覚悟の籠城、時をかせぐのが目的、命を限りに斬り死せよ」と、みずから二百の手兵を率いて城を出て戦うこと五度。敵を斬ることその数を知らず、と『寛政重修諸家譜』に書かれている。

そんな元忠も、ついに雑賀孫市重次に一騎討ちの末討ち取られる。その首は三成によって大坂京橋口に梟首された。享年六十二。

伏見城の「血天井」は京都の養源院、正伝寺、源光庵などに今でも残されている。

服部半蔵

はっとりはんぞう

1542〜1597

服部半蔵と聞けば多くの人には伊賀忍者の統領のイメージがある。数々の小説などにも登場し、テレビアニメ「忍者ハットリくん」の主人公服部貫蔵《かんぞう》は、服部半蔵の子孫という設定になっている。

実際の服部半蔵は、三河の松平氏（徳川氏）の譜代の家臣で徳川十六神将のひとりで、鬼半蔵と異名をとる猛将であった。

戦場でも一番槍、一番乗りなど数々の武功を挙げているが、伊賀衆や甲賀衆を指揮した記録も残るため、後世、忍者の統領に祭り上げられたものに違いない。

天文十一年（１５４２）、伊賀（三重県西部）の土豪服部保長の五男として生まれた。名は正成《まさなり》。半蔵は通称である。

父の保長は室町幕府第十二代将軍足利義晴に仕えていた頃、将軍に謁見するため上洛した三河の松平清康（家康の祖父）と会い、意気投合し、松平氏に仕

えるようになったという。

半蔵が六歳になった天文十七年、あまりのわんぱくぶりで手がつけられなかったため、寺へ預けられるが、三年後に僧になるのをきらい、寺から出奔する。その後、初陣までの七年間の消息は不明だった。親の元へは戻らず、おそらく兄たちの援助で暮らしていたらしい。

弘治三年（１５５７）、十六歳の時には家康の三河宇土城攻めの際、夜襲に出撃し、大いに手柄を立てたという記録があるから、その頃すでに家康の配下となっていたのだろう。

さらに永禄六年（１５６３）の一向一揆の際にも服部家は一向宗であったにもかかわらず、半蔵は家康への忠誠を貫き、一揆勢相手に存分の活躍をし、家康の信頼も厚くなった。

元亀三年（１５７２）の三方ケ原の戦いでは徳川軍は武田軍に大敗を喫すが、その時も半蔵は先手として出陣、一番槍の功名を挙げる。

さらに敗将となって浜松城に逃げ帰る家康を必死に守り、追いすがる敵を撃退している。

その功で戦のあと半蔵は家康に呼び出され、名槍二穂を贈られ、また父の出

自の地の伊賀衆百五十人を預けられた。

天正十年（１５８２）、本能寺の変が起きた時、信長の召きで安土城で饗応を受けたあと、堺見物をしていた家康一行は進退極った。たまたま近くにいた半蔵が召し出されると、地の利を生かした半蔵の働きで伊賀・甲賀の地侍たちが家康一行を警護し、無事に岡崎まで帰り着くことが出来た。この働きで服部半蔵の名は徳川家中に響き渡る。

半蔵は、小田原征伐のあとの家康の関東入国後は、与力三十騎と伊賀同心二百人を預けられ、八千石の大身となった。

伊賀同心の頭領となったからだけではないが、半蔵は常に敵の襲撃にそなえ、眠る時も床に筵《むしろ》を敷いて自分がそこに居るように見せかけ、自身は少し離れて横になっていたという。また羽織を着る時は、すぐに脱いで戦えるよう紐は結ばなかったともいわれる。

慶長元年（１５９７）に病没、江戸清水谷の西念寺に葬られた。ここでは今も毎年十一月十四日の命日に、半蔵忌の法要が行われている。

また半蔵の屋敷があった近くの江戸城の門はいまでも半蔵門と呼ばれている。

平岩親吉

ひらいわ ちかよし

1542〜1611

徳川家に生涯尽くした平岩親吉は、家康と同い年で、家康が今川家の人質として駿府（静岡市）にいた頃から小姓として仕えた。

天文十一年（１５４２）、三河（愛知県）の平岩親重の次男として額田郡坂崎村で誕生。父の親重は、松平長親、信忠、清康（家康の祖父）の三代に仕えた筋金入りの徳川家の忠臣である。親吉も天文十六年、小姓として駿府に送られた。

永禄元年（１５５８）の初陣以来、家康が戦ったすべての合戦に付き従い、その信任も厚く、家康の三河・遠江平定などで多大な戦功を挙げた。そして家康の嫡男信康が元服すると、その傅役《もりやく》を命じられる。いかに家康の信頼が厚かったかよくわかる。

しかし、天正七年（１５７９）、家康の正室築山殿と信康が武田側に内通しているという嫌疑を信長から受け、信康の切腹を信長から命じられると、親吉

は責任は自分にあるのでと、自らの首を差し出すことを求めたが、家康は信長の命の通り、信康と築山殿を処断してしまう。そして親吉は責任を感じて蟄居謹慎するが、後に許され、再び家康の直臣として復帰した。

天正十年、信長が本能寺の変で横死すると、家康は翌年までに甲斐（山梨県）を平定し、親吉は甲斐の郡代として甲府城の築城を開始、領内の経営に尽力する。さらに天正十八年、小田原征伐のあと、家康が関東に移封されると、親吉は厩橋《うまやばし》（前橋市）三万三千石を与えられ、大名となった。

親吉の人柄を伝える面白い話が『名将言行録』に残っている。天下の主となった豊臣秀吉が、伏見城築城の祝いの後、井伊直政、本多忠勝、榊原康政とともに親吉にも黄金百枚を与えた。直政と忠勝はそのまま受け取って家康には伝えなかった。

康政は家康に相談すると、家康は「もらったものはありがたく受け取るものだ」といって受け取らせた。ところが親吉は「関東奉公の身で、その禄は十分受けて衣食は足りている。受け取ることは出来ない」と黄金を使者に返したという。

そんな私欲がなく正直な親吉だからこそ、家康は九男の義直の付家老に任命

したのだろう。

　関ヶ原の戦いのあと、慶長六年（１６０１）、再び甲斐に戻った親吉は甲府六万三千石を与えられる。その翌々年、徳川義直が甲斐二十五万石に封ぜられると、幼少のため駿府にいる義直の代理として甲斐の統治に尽力した。さらに慶長十二年、義直が尾張藩主に転ずると、親吉も付家老として尾張に移り、徳川御三家となった義直のよき相談役となり、自らは犬山藩十二万三千石を領して善政を敷いた。慶長十六年、名古屋城で死去。享年七十。

　親吉にはもうひとつエピソードがある。死去するちょっと前、家康と豊臣秀頼の二条城での会見があった。その時、秀頼を護衛した加藤清正が急死するという有名な事件があった。いわゆる家康による「秀頼毒饅頭暗殺事件」である。

　秀頼の毒殺を図った家康の意を受けた親吉が遅効性の毒を入れた饅頭を、自ら毒見した上で秀頼に勧めたという。

　同じく毒見した加藤清正は死に、親吉も九ヶ月後に死去している。案外、ほんとうの話だったのかも知れない。

　ともあれ、平岩親吉は「三河武士の鑑」といわれているが、むべなるかなである。

榊原康政

さかきばら
やすまさ

1548〜1606

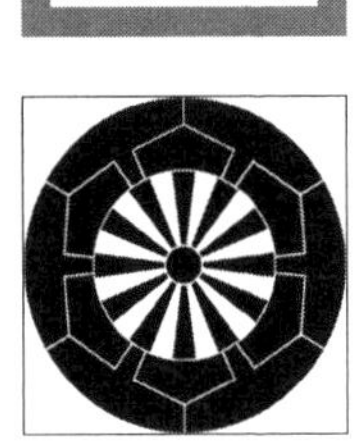

徳川四天王のひとりで、家康覇業の第一の功臣といわれる榊原康政は、もともと家康の直臣ではない。家康の臣下であった酒井将監忠尚に仕えていた陪臣の出である。

若くして家康に認められ、直臣に引き上げられたのであるから、よほどその才能に光るものがあったのだろう。

天文十七年（１５４８）、榊原長政の次男として三河の上野郷（愛知県豊田市）に生まれる。十三歳の時、松平元康（徳川家康）に見出され小姓として仕え、三河一向一揆鎮圧に初陣、その武功を賞されて元康から康の字をもらい、康政を名のる。そして兄を差しおき榊原家の家督を相続する。

その際、貧しくて新しい鎧《よろい》を買うお金もないだろうと、先輩から使い古した鎧を譲り受けるが、いつもその鎧を着て出陣し、恩を忘れなかった。時が経って鎧がボロボロになると、戦に出る前にその鎧に腕を通してから新しい鎧に着

がえたという。

永禄九年（１５６６）、十九歳で元服。同い年の本多忠勝とともに旗本先手役に抜擢されると、常に家康の側近にあって活躍。また本多忠勝とは終生の友となった。

そんな康政の名が天下に轟き渡るのが、天正十二年（１５８４）の小牧・長久手の戦いで家康が秀吉と対決した時だった。康政は、この合戦で森長可、池田恒興を討ち取るが、まずその前に秀吉を激怒させる挙に出る。

誠実な康政にとって、織田家を乗っ取った秀吉は許せるものではない。康政は秀吉を糾弾する高札を立てる。

腹に据えかねた秀吉は康政の首を取った者には十万石を与えるという触れまで出したという。

徳川の一家臣に過ぎない康政が、天下をほぼ掌中にした秀吉に喧嘩を売ったのである。そして秀吉もこの喧嘩を買ったのである。

そして家康と秀吉が和睦した後、最初の使者として秀吉から指名されたのが康政だった。

「和睦した今となってはそちの志はあっぱれである。それを言いたいがために、

ここに呼んだ。徳川殿はそちのような家臣を持っていて羨しい」と秀吉は言い、祝宴まで開いてくれたという。

天正十八年、家康が関東に移封されると、康政は関東総奉行として活躍。江戸城の修築を終えると、上野《こうづけ》の館林城（群馬県館林市）に入った。本多忠勝とともに、家中第二位の十万石を与えられる。

慶長五年（１６００）の関ケ原の戦いでは、徳川秀忠軍の軍監として従軍する。中山道から美濃を目指すが、信濃上田城の真田氏攻撃に手間どり合戦に遅参してしまう。

家康は、この秀忠の失態に激怒するが、康政の死を賭した懇願で事は収まった。秀忠は生涯、このことで康政に感謝したと言われる。

関ケ原のあと、長年の功を賞して家康は康政に、水戸二十五万石を与えようとするが、康政は関ケ原で武功がなかったことを理由に固辞する。

老中にも任命されるが、「老臣が権を得るのは亡国の兆し」と領国へ帰ってしまう。

権力争いの醜さを嫌い、常に勇将であり続けた康政は、潔く身を引いたのである。慶長十一年、居城の館林城で死去。享年五十九。

本多忠勝

ほんだ ただかつ

1548〜1610

江戸幕府の基礎を固めた功臣で、徳川四天王のひとり。通称は平八郎。「家康に過ぎたるものが二つあり、唐《から》の頭《かしら》に本多平八」と謳われた。唐の頭とは、徳川家中に当時流行していたヤクの尾毛の飾り物で兜などにつけた。

織田信長からは「花も実もある武将」、豊臣秀吉からは「天下無双の大将」と絶賛された。

天文十七年（１５４８）、徳川本家である安祥松平家の譜代本多忠高の長男として生まれた。娘の小松姫は真田信之の正室となる。

幼い頃から家康に仕え、永禄六年（１５６３）の三河一向一揆では、多くの本多一門が敵となる中、浄土宗に改宗して家康の側に残り、武勲を挙げた。

三年後には十九歳で榊原康政とともに旗本先手役を務め、常に家康の側にあった。

元亀元年（１５７０）の姉川の戦いでは、朝倉軍の豪傑真柄十郎左衛門との一騎討ちで名を馳せた。

同三年の三方ケ原の戦いでも左翼を担い活躍し、天正元年（１５７３）の長篠城攻め、天正三年の長篠の戦い、天正八年の高天神城奪還にも参陣、その活躍ぶりは敵味方を問わず賞賛された。

天正十年の本能寺の変のあと、堺見物をしていて進退極った家康が、「京の知恩院に入って信長公に殉じよう」と弱音をはき、同行の酒井忠次、石川数正、榊原康政、井伊直政など随行した重臣たちも同調した際には、忠勝ひとり猛反対し、

「なんとか三河に帰りつき、そのあと兵を挙げて光秀を討つのが先、そのあとで殉死してでも遅くはありませぬ」

と主張、無事、伊賀越えをなし遂げた。

忠勝は次々襲ってくる野武士や盗賊の襲撃を、穂先に止まった蜻蛉《とんぼ》が真っ二つになったという自慢の名槍「蜻蛉切」を縦横無尽に打ち振い、撃退したという。

家康が豊臣の傘下に入り、天正十八年、関東に移封されると、忠勝は上総《かずさ》の大多喜（千葉県大多喜町）に十万石を与えられる。

これは井伊直政の高崎十二万石に次ぎ、榊原康政の館林十万石とともに徳川家臣第二位の禄である。

家康は、北から攻めてくる真田氏や上杉氏に備えるために康政を館林に、安《あ》房《わ》（千葉県）の里見に対する備えとして大多喜に忠勝を置いたといわれる。

関ケ原の戦いでは、わずかな手勢を率いて、九十もの首級を上げた。

そしてこの武功により伊勢桑名（三重県桑名市）十万石に移され、旧領大多喜は次男の忠朝が継ぐ。

忠勝は東海道の要衝桑名の整備を行い、城郭を修理し、財政を確立、桑名藩立て直しの名君と仰がれている。

これを見ても忠勝が戦場での槍働きだけではなく、内政にも充分に優れていたかがよくわかる。

慶長十四年（１６０９）、嫡男忠政に家督を譲って隠居、翌年桑名城で死去。六十三年の波瀾に富んだ生涯を閉じた。

参加した合戦は大小合わせて、なんと五十七回に及んだといわれるが、その体にはかすり傷ひとつなかったという。

蛇足だがＩＴ企業の雄、楽天の創業者三木谷浩史は忠勝の末裔と言われる。

松平信康

まつだいら
のぶやす

1559〜1579

徳川家康の嫡男信康は、悲劇の武将として語り継がれて来た。信康とその母築山殿が敵方の武田に内通していたという罪で、信長から切腹を申しつけられ、父である家康は断腸の思いで信康を成敗した、というのが通説であるが、近年の研究では、家康と信康の対立が原因であるという説も出てきて、真相は謎のままである。

永禄二年（１５５９）、松平元康（徳川家康）の嫡男として今川氏の本拠、駿府（静岡市）で生まれた。父の家康は当時、今川の人質となっていたからである。

母は関口親永の娘で、今川義元の姪である築山殿。幼名は父と同じ竹千代。後に松平本家の居城である岡崎城（愛知県岡崎市）の主となったため、祖父松平広忠にならって岡崎三郎と呼ばれる。

桶狭間の戦いで義元が織田信長に討ち取られると、家康はただちに岡崎城に

入り、捕虜としていた鵜殿氏長、氏次との人質交換により、信康を岡崎城に引き取った。

信長との清洲同盟により、永禄十年、信長の娘である徳姫と結婚、ともに九歳という形式だけの夫婦となる。それに伴って家康は浜松城に移り、岡崎城は信康に譲られた。

元服した信康は、信長から「信」を家康から「康」の字を与えられ、信康と名のり、正式に岡崎城の主となった。

そして、天正三年（１５７５）の長篠の戦いでは、一手の大将をまかせられると、勇猛果敢に敵陣に攻め入り、数々の武功を挙げ、その戦いぶりは徳川家中でも評判となった。

しかし天正七年、先述した武田方への内通の疑いで信長から成敗を命じられると、信康は岡崎城を出て大浜城に移され、さらに堀江城、二俣城と移され、二俣城で家康の命により切腹させられた。わずか二十一歳の若さであった。

この信康切腹事件については、のち天下の御意見番といわれた大久保彦左衛門の『三河物語』にくわしい。

信長の娘の徳姫は、今川の血につながる姑の築山殿との折り合いが悪く、さ

らに夫の信康との仲もうまくいっていなかったため、夫と姑を責める十二ヶ条の罪状を書き、信長のもとに赴く酒井忠次に託した。その中に武田方内通の条項もあった。信長は使者の忠次に内容の真偽を糺したが、忠次はすべてを事実と認める。

徳川家の中にもこの信長の処断に反対する声も強かったが、家康は重臣の忠次が認めた以上、信長の怒りをおさえることは不可能と判断し、信康を断罪にしたという。

しかし、徳姫との不仲は事実かも知れないが、ただそれだけでいくら信長でも婿の信康を殺そうとするかは疑問である。

『安土日記』などでは信長は、「殺せ」とは言わず「徳川殿の思うままにせよ」と答えている。この説に従えばこれは家康側の事情、たとえば信康の謀反の疑いで信康と築山殿を葬ったということになる。

いずれにしても信康を処断したあとの家康の後悔は大きく、事あるごとに「もしも信康が生きておれば」と愚痴を言い続けた。

たとえば秀忠が真田軍に翻弄されて関ケ原に遅参した際も、「これが信康だったら」とつぶやいたといわれる。

井伊直政

いい なおまさ

1560～1602

幕末、雪の桜田門外に散った大老井伊直弼《なおすけ》の彦根藩の藩祖である。徳川家康の天下取りを全力で支えた功臣として知られる。

以来、徳川二百六十四年にわたり、井伊家は譜代大名の筆頭として幕政に重きをなし、直弼など四名の大老を輩出した。

平成二十九年（２０１７）のＮＨＫ大河ドラマ「おんな城主直虎」（主演柴崎コウ）は、家康に仕える井伊家誕生の物語である。菅田将暉が若き日の直政を清々しく演じていた。

直政は永禄四年（１５６１）、今川氏の家臣である井伊直親の嫡男として、遠江《とうとうみ》の井伊谷《いいのや》（静岡県浜松市北区）で生まれた。母は奥山朝利の娘おひよ。幼名は虎松。

その翌年、父は謀反の嫌疑で今川氏真に誅殺される。残された虎松はわずか二歳であった。そのため、直親の従兄《いとこ》直盛の娘に当たる次郎法師が井伊直虎と

名のり、井伊家の当主となり、虎松を養育する。

しかし、虎松の命は常に今川氏に狙われたため、虎松を出家させ三河の鳳来寺に入れる。その六年後、直虎らの策によって還俗した虎松は家康に見出され、小姓として取り立てられ、名を井伊万千代と改めて、旧領の井伊谷を安堵された。

『甫庵太閤記』などによれば、直政は、心優しき美男子として記録されていて、秀吉が家康の懐柔策として実母の大政所を送り込んだ際も、その侍女たちが直政を見てその美貌に大騒ぎしたという。また家康の寵童だったとの説もあるが確かではない。

ともあれ、その見目麗《うるわ》しき万千代も、高天神城の戦いなど武田方を相手に戦功を挙げ、猛々しき武将として頭角を現わしてくる。そして天正十年（１５８２）、二十二歳で元服し直政と名のった。

武田家滅亡のあと、家康が武田の旧領、信濃・甲斐を併呑する際、武田方の多くの遺臣も引き継ぎ、それらで一部隊を編成、直政はその将となった。

武田の時と同じ朱色の軍装も引き継ぎ、「井伊の赤備《あかぞな》え」と呼ばれた。

そして、天正十二年の秀吉との小牧・長久手の戦いで、直政率いる赤備えは

登場し、抜群の武功を挙げ、なかでも紅顔の直政が、赤備えを纏《まと》って兜には鬼の角《つの》をあしらい、長槍で敵を蹴散らす阿修羅のごとき姿はひときわ目を引き、「井伊の赤鬼」と恐れられた。

一方、直政は武勇だけではなく、政治的手腕も家康はもちろん、秀吉からも高く評価され、豊臣姓まで賜っている。また北条氏討伐のあと、家康が江戸に入ると、直政は徳川家臣団の中でも最高の、上野の箕輪《みのわ》（群馬県高崎市）十二万石に封ぜられる。

慶長五年（１６００）の関ケ原の戦いでは本多忠勝とともに東軍の軍監に任じられ、戦闘指揮の役割りを果たした。

戦のあとは戦後処理に奔走、特に島津氏との和平交渉に尽力し、外交手腕を充分に発揮している。それらの功によって石田三成の旧領近江の佐和山（滋賀県彦根市）十八万石を与えられた。

家康は、西国の外様大名の抑えと朝廷を守るため、京に近い彦根に井伊を配したといわれる。

慶長七年死去。享年四十二。佐和山藩は廃藩となり、代わって三十万石に加増された彦根藩が置かれ、井伊家は明治維新まで続く。

結城秀康

ゆうき ひでやす

1574～1607

天正二年（１５７４）、徳川家康の次男として遠江（静岡県）の敷知郡で生まれた。実は双子で他のひとりは誕生後すぐに亡くなったといわれるが定かではない。

母は家康の側室於古茶《おこちゃ》（お万の方）。家康は正室築山殿の嫉妬を恐れ、妊娠したお万を重臣の本多重次（作左衛門）に預けたという。幼名は於義《おぎ》丸。

父家康とは三歳になるまで対面を果たせなかったが、その対面も、弟を不憫に思った兄信康の取りなしで行われたという。その信康も武田勝頼と内通の疑惑があがると、信長の命により母築山殿とともに殺されてしまう。

当然、次男である秀康が徳川家の後継者となるものと誰もが思ったことだろう。

しかし、天正十二年（１５８４）の小牧・長久手の戦いのあと、和睦の条件として於義丸は秀吉のもとにさし出されてしまう。養子という名目だが実際は

人質である。そのため徳川家の後継者は母親の身分が上の異母弟の長松（徳川秀忠）と決った。

実はこの後継者選びは、家康も迷ったといわれる。すでに次男の秀康は豊臣家に差し出してしまったというのが後継から外れた最大の理由かも知れないが、もうひとつ家康は秀康の出生を疑っていたといわれる。当時、秀康の母お万の方は、なかなか奔放な女性だったといわれる。

その頃は後の世のようにまだ大奥という統一のとれた制度もなく、泰平の世になってから確立された女性の貞操感などもなかった。家康は、秀康はほんとうに自分の子であるという確信が持てなかったのであろう。三歳になるまで対面しなかったのもそんな理由かも知れない。

実際、関ヶ原の戦いの後、家康が後継者を誰にするか、井伊直政、本多忠勝、本多正信、大久保忠隣らを集め、意見を聞いている。当時候補に上ったのが、次男秀康、三男秀忠、四男忠吉、五男信吉、六男忠輝の五名だった。まず本多正信は秀康を推した。井伊直政は忠吉、大久保忠隣は秀忠を推した。家康はこの時、自分の意見は言わず、彼らの意見を聞いただけで納得し、後日「秀忠に決めた」と報告したという。

世に言われるように泰平の世になったら律義で正直な秀忠こそふさわしいと考えたにちがいない。

天正十二年十二月、秀吉の養子として大坂に送られた於義丸は、羽柴三河守秀康と名乗る。秀吉の秀、家康の康をとった命名である。天正十五年の秀吉の九州征伐で初陣を果たし、特に日向（宮崎県）平定では抜群の戦功を挙げ、翌年には秀吉から豊臣姓を賜った。

天正十八年、秀吉の小田原征伐が終わり、実父の家康が関東一円二百四十万石に国替えになると、秀吉は家康に更なる加増として秀康を名家結城氏の婿養子とした。

秀康は関東に下り、結城晴朝の姪と婚姻、結城家の家督とその領国下総（千葉県）結城十万石を継ぎ、また改めて秀吉から羽柴姓を賜り、羽柴結城小将と呼ばれた。

関ヶ原の戦いの後、秀康は家康より下総結城から越前北ノ庄（福井市）六十八万石に加増移封される。また官位も権中納言に昇進、越前宰相から越前中納言と呼ばれた。慶長十二年（１６０７）、死去。まだ三十四歳の若さだった。死因は梅毒といわれる。

徳川秀忠

とくがわ ひでただ

1579〜1632

徳川家康の三男として、天正七年（１５７９）、遠江の浜松に生まれる。母は側室の西郷局で、その実家の三河西郷氏は室町幕府の初期には三河守護代を務めた名家である。同腹の弟に松平忠吉がいる。

天正十八年、十一歳で織田信雄の娘で秀吉の養女小姫と婚姻を結ぶが、翌年、小姫は七歳で病没してしまう。そして文禄四年（１５９５）、やはり秀吉の養女となった浅井長政の娘江《ごう》と再婚する。秀吉の側室で豊臣秀頼の母となる茶々こと淀君の妹である。

秀忠の初陣は慶長五年（１６００）の関ケ原の戦いだった。東海道を進む家康本隊とは別に、秀忠は三万八千の大軍を率いて中山道から美濃を目指すが、わずか二千人が籠城する真田昌幸の上田城を攻めあぐね、やっと木曾の馬籠に到着した時に、関ケ原で東軍勝利の報を受ける。真田が巧妙に挑発し、それに乗せられた秀忠軍は間に合わなかったわけである。

榊原康政、大久保忠隣ら名うての猛将たちが、反対する本多正信を押し切って、上田城攻撃に駆り立てたとも言われるが、待ち受ける家康陣営でも、秀忠軍を待つべしという本多忠勝に、井伊直政が即時決戦を主張するという一幕もあった。

大津に到着した秀忠が、遅参の弁明のため家康に面会を求めたが、家康は体調不良を理由にこれを拒否。ようやく榊原康政らのとりなしで、三日後にやっと面会出来たといわれる。

この秀忠遅参が原因とはいえないが、関ケ原のあと家康は、先述したようにあらためて五人の息子のうち後継者は誰がいいか、を家臣に尋ねる。本多正信は次男の結城秀康を、井伊直政と本多忠勝は四男の松平忠吉を推すが、大久保忠隣ひとりが、「乱世ならまだしも平時の天下を治めるのは武勇の人より人徳の人」と秀忠を推したという。そして家康は正式に秀忠を後継者に選ぶ。

慶長八年、家康は征夷大将軍に就き江戸に幕府を開き、その二年後、将軍職を秀忠に譲る。

秀忠に将軍職を譲った家康は、駿府に住み、大御所と呼ばれ、江戸城の秀忠とともに二元政治体制となる。

秀忠は総大将として大坂冬の陣、夏の陣に臨み、豊臣家滅亡後は、父家康とともに武家諸法度、禁中並公家諸法度など法整備に務め、家康の死後は、父の路線を忠実に守り、江戸幕府の基礎を固めた。

寛永元年（１６２４）には娘の和子（東福門院）を後水尾天皇に嫁がせ、また同六年に起きた紫衣事件では寺社勢力を処断し、武家政権の強さを世間に見せつける。さらに同七年には孫が明正天皇として即位すると、秀忠は天皇の外戚となったのである。

それらに先立つ元和九年（１６２３）、秀忠は上洛、参内し、将軍職を嫡男家光に譲る。しかし、父家康にならって実権は手放さず、秀忠は大御所として君臨した。

寛永八年、とかく問題の多かった家光の弟駿河大納言忠長の領地を召し上げ蟄居を命じ、万全の家光体制を見届けると、同九年、五十四歳で逝去。

なお秀忠の四男の保科正之は、秀忠生涯一度の浮気といわれる奥女中の静に生ませた子で、妻のお江の手前、高遠《たかとう》保科家で養育されたが、両親の死後、兄家光と対面、以降、家光をよく補佐し、盤石の幕府体制を築き上げた。幕末の京都守護松平容保の会津藩の藩祖でもある。

徳川家光

とくがわ いえみつ

1604～1651

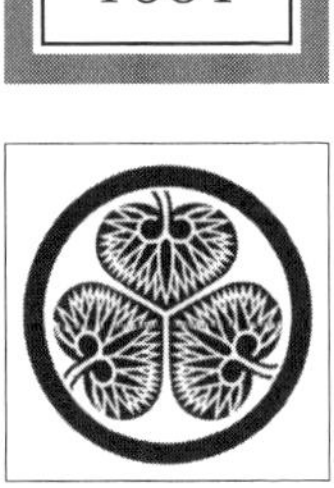

江戸幕府の三代征夷大将軍。慶長九年（１６０４）、江戸城西の丸で生まれた。父は二代将軍徳川秀忠、母は浅井長政の三女達子（お江）。十五人の徳川将軍のうち正室の子は家康、家光、慶喜の三人であり、現役の将軍の妻（御台所）が生んだ子は家光だけである。家光は「余は生まれながらの将軍である」と豪語したといわれるが、むべなるかなといっていい。幼名は祖父家康にあやかって竹千代。

幼少期の家光は病弱な上に吃音（どもり）があり、容姿も美形とはいえなかったため、二歳下の弟国松（後の忠長）を親の秀忠夫妻は溺愛、世継ぎ争いが起きる。

しかし家光の乳母お福（後の春日局）が、当時駿府にあった大御所家康を訪ね実状を訴えたため、家康が長幼の序を明確にしたことで、竹千代の世継ぎが確定した。

春日局は明智光秀の家老斉藤利三の娘で、逆臣の一族ながら家康からも信頼され、江戸城大奥の礎を築いた人物である。

松平信綱（知恵伊豆）、柳生宗矩とともに家光を支えた「鼎（かなえ）の脚」のひとりに数えられた。

家光は元和九年（１６２３）、父秀忠とともに上洛し、伏見城で将軍宣下を受けるが、そのあとも江戸城西の丸の秀忠が大御所として君臨し、幕政は父子の合議による二元政治が行なわれた。

そして寛永九年（１６３２）、秀忠が死去すると、家光は直ちに幕政の改革を行い、老中・若年寄・奉行・大目付の制度を定め、将軍を頂点とする幕府機構を確立。さらに武家諸法度の改訂を行い、国中の大名たちに参勤交代を義務づけた。

また寛永十四年、キリシタンによる島原の乱を鎮圧した後、ポルトガルとの断交を決意し、オランダ商館を長崎出島に移し、鎖国体制を完成させた。これら一連の強権政策からみて、家光の政治は武断政治といわれるが、家光の代で徳川幕府は盤石《ばんじゃく》となったといっていい。

慶安四年（１６５１）、江戸城内で死去。享年わずか四十八という若さであっ

た。

遺体は遺言により上野の寛永寺に移され、のち家康も眠る日光の輪王寺に葬られた。

講談や映画などでおなじみの天下の御意見番こと大久保彦左衛門（忠教）は、その著『三河物語』の中で「少年時代の家光は、家康の祖父松平清康に匹敵する」と将軍家に遠慮してか好意的な評価をしているが、作家の海音寺潮五郎などは「すべて重臣まかせの凡庸な将軍」と酷評している。

事実、三十万の大軍を率いて上洛したり、日光東照宮の大規模改築、豪華な軍船の建造など家光一代で五百万両以上使ったといわれている。当時、金銀の産出量が減り始めたこともあり、あとを継いだ四代将軍家綱は倹約に励まざるをえなかったという。

歴史を裏側から見た作家の八切止夫は、家光の生母は春日局という面白い説を立てている。

さらにこれに輪をかけて実父は家康であるという説も出てきた。そうでなければ逆臣明智光秀に連なる女性を乳母などにするはずはない、というわけだ。やはり歴史の「イフ」はなかなか興味深い。

45人の武将たち（生年順）

今川義元

いまがわよしもと

1519〜1560

今川義元といえば、桶狭間で織田信長に討ち取られた凡将という印象が強い。しかし本来は、武の面では幼い時から仏門に入っていたため劣るかも知れないが、内政面では辣腕を振るい、家臣団の結束を強めるなど優れた行政改革を行い、また外交面でもしたたかな力量を見せ、海道一の弓取りといわれた、戦国屈指の武将である。

義元は、駿河《するが》・遠江《とうとうみ》（静岡県）の守護大名である今川家の第十一代当主。今川家は室町将軍足利家の分家であり、将軍家に後継者がいない時は「吉良《きら》家より迎え、吉良家に人なくば今川家より迎えよ」と言われた名門である。

永正十六年（１５１９）、今川氏親の五男として生まれた。幼名は芳菊丸。母は父の正室中御門《なかみかど》宣胤の娘寿桂尼。生まれた時、後継者としてすでに兄達がいたため、四歳で仏門に入れられる。

その時の師が、生涯義元の参謀として側にいることとなった太原雪斉である。

雪斉は二十七歳であった。義元が家督を継いだあとは、すべてのことは雪斉と二人で決めたといわれる。

天文五年（１５３６）、兄達二人が急死。兄と同腹であった義元に跡継ぎのチャンスが巡ってくる。重臣たちの意を受けた義元は還俗し、将軍足利義晴から義の一字をもらい義元と名のり、今川家当主の座に就く。

天文六年には、父の代まで抗争状態にあった甲斐の武田信虎の娘を正室に迎えるとともに、武田氏と同盟を結ぶ。そして三河（愛知県）進出に本格的に動き出した。西三河の松平広忠の帰順を受け入れ、嫡男の竹千代を人質に迎える。後の徳川家康である。

天文十七年、今川の三河進出に危機感を抱いた尾張の織田信秀が侵攻してくるが、義元はこれを駆逐、松平氏の居城岡崎城を接収、三河を完全にその支配下に収めた。

さらに同二十三年には、嫡男氏真の妻に北条氏康の娘を迎え、甲相駿の三国同盟を結成。これによって後顧の憂いをなくした義元は、織田信秀の死によって混乱する尾張への攻勢を一段と加速させる。

やがて運命の日がやってくる。永禄三年（１５６０）、義元は駿河、遠江、

三河の二万の兵で尾張への侵攻を開始。この西上作戦は、武田信玄同様、京に旗を立てるためとも言われるが、義元には一門の主である足利将軍家にとって変わる意志などなかったに違いない。あくまで尾張を手に入れるための織田討伐が目的だったであろう。

大高城（名古屋市）の救援のため、次々と織田方の諸城を落とした義元は、桶狭間で休息する。そして突然の豪雨の中、織田方の捨て身の急襲を受け、あえなく首を討ち取られる。信長の天下取りの第一歩である桶狭間の戦いである。享年四十二の若過ぎる死であった。

義元の死により後を継いだ氏真には、蹴鞠《けまり》をやらせれば日本一といわれたが、人心を掌握する才もなく、家臣団は次々と離脱し、義元の死から九年後の永禄十二年、信玄と家康によって駿河を追われ、妻の実家である北条家に身を寄せるが、やがて家康の家臣となる。

江戸期には、今川氏は吉良氏と同様、高家《こうけ》旗本として幕臣に列するが、やはり公家文化に精通した名門ゆえ尊ばれたからだろう。義元自らも公家《くげ》のようにお歯黒をつけ、薄化粧をして戦場におもむいたといわれるが、これは猛々《たけだけ》しい信長に比べるための後世の創作ともいわれる。

武田信玄

たけだしんげん

1521～1573

武田信玄は甲斐《かい》（山梨県）武田家の第十九代当主で、甲斐から信濃へ侵攻し、さらに駿河（静岡県）、三河（愛知県）、美濃（岐阜県）の一部までを領土とした戦国の名将である。

武田軍団の強さは当時日本一といわれ、かの織田信長も「常に恐れていた敵」（ルイス・フロイス『日本史』）という。

武田氏は清和源氏の流れをくむ河内源氏の嫡流で、代々甲斐守護を務めた。信玄は宿敵上杉謙信のことを生涯上杉姓で呼ばなかったが、これは自らは「守護」であり、越後「守護代」の長尾家とは格式が違うという考えからだったという。もっとも謙信は後年、関東管領だった山内上杉家から上杉姓と管領職を譲られ、格式は逆転するのだが、信玄はこれが気に入らなかったのか、死ぬまで長尾と呼び続けたという。

大永元年（１５２１）、武田家十八代武田信虎の嫡男として生まれた。通称

は太郎、のち晴信。信玄はそのあとの法号である。母は甲斐の有力国衆であった大井氏の娘である。『甲陽軍鑑』によれば、傅役《ふやく》（武家社会の教育係）は譜代の家臣板垣信方だったという。

蛇足だが、明治維新の功臣、土佐の板垣退助はこの信方の末裔といわれる。維新で名を上げた後、勧められて従来の乾《いぬい》から遠祖の名、板垣に改名したというわけだ。

四年後に弟信繁（二郎）が生まれると、父の寵愛が次第に弟に移り太郎は疎まれるようになった。これがのちの父追放の下地になっていたかも知れない。しかし、弟信繁はよく兄に仕え、文武ともに優れた将になるが、第四次川中島の戦いで無念にも敗死してしまう。

天文五年（１５３６）、太郎は元服、室町幕府第十二代将軍足利義晴から晴の一字を賜り、晴信と改める。同時期、海ノ口城攻略に参加し初陣を飾った。そして天文十年、二十一歳になった晴信は海野平の戦いから凱旋するや甘利虎泰、館富虎昌らと語らって父信虎を追放する。

信虎が娘婿の今川義元と会うため駿河に赴いたところ、甲斐と駿河の国境を封鎖、父を強制的に隠居させ、自分を支持する重臣たちを味方につけ、晴信は

十九代当主に就いた。

家督を継いだ晴信は、従来の信虎の路線を変更し、同盟を結んでいた信濃諏訪領への侵攻を開始。和睦を申し入れた諏訪頼重を騙《だま》して甲府へ連行、自害へと追い込み諏訪領を併合した。そして美女の誉《ほま》れ高かった頼重の娘を側室とする。晴信の後を継ぐ勝頼の母となる諏訪御寮人である。

このあたりの経緯は、フィクションも交え、井上靖が傑作『風林火山』で壮大なロマンに仕立て上げている。大河ドラマ化もされており、軍師山本勘助の名とともにご記憶の方も多いであろう。

天文十三年、晴信は父信虎時代には対立していた相模の北条氏と和睦、背後の不安を除くと、いよいよ信濃侵攻を本格化させて行った。特に北信濃に勢力を誇る葛尾城主村上義清との戦いは熾烈を極め、天文十七年の上田原の戦いでは敗れ、さらに老臣板垣信方を失うが、同十九年には小笠原長時領に侵攻、これを制圧、中信濃は武田の支配下となった。さらに村上義清を頼って逃走した小笠原を追った晴信は、村上の支城砥石城を攻めるが、後の世に「砥石崩れ」といわれる大敗を喫してしまう。

翌天文二十年、満を持して出陣した晴信は真田幸隆の調略で砥石城を落とす

と、本城の葛尾城を包囲。大軍を前にした義清はついに城を捨てて、越後の長尾景虎（上杉謙信）を頼って落ちていった。こうして信濃のほぼ全域が晴信によって平定された。

そして、天文二十二年、村上義清など北信濃の諸将の要請を受けた長尾景虎が動き出す。第五次まで続く川中島の戦いの始まりである。

景虎は武田領内深く侵攻するが、晴信は決戦を避けた。小競り合いは続けたが甲越両軍は積極的に軍を動かすことなく撤退する。その後、二次、三次と合戦は続くが、関ケ原とともに日本史上最大の合戦のひとつといわれるのが第四次の戦いである。

千曲川と犀川が合流する三角地帯、八幡原で行われたこの激戦は武田軍二万、上杉軍一万三千という当時では最大規模の合戦である。妻女山に陣取った上杉軍が武田方の山本勘助の啄木鳥《きつつき》戦法を見破って深夜に陣を払い、夜明けとともに武田軍の目の前に現れ、武田軍の度肝《どぎも》をぬいたという。

戦いは初戦は上杉軍有利、後半は妻女山から急遽引き返した武田別動隊の活躍で押されていた武田側が持ち直したという、互角の戦いであったが、武田方の損失は大きく、晴信の片腕といわれた弟の信繁をはじめ多くの将士を失った。

景虎が、単騎で晴信本営に切り込み、信玄と太刀を交えたという伝説の一戦だった。

この第四次川中島を契機として晴信の信濃侵攻は一段落し、晴信の眼は西上野（群馬県）へと向けられる。また川中島の最中の永禄二年（１５５９）、晴信は出家し、徳栄軒信玄と号するようになった。

翌三年、桶狭間の戦いで駿河の今川義元が尾張の織田信長に討たれると、今川領内では三河（愛知県）で松平元康（徳川家康）が独立、時代は大きく動いていく。

信玄は今川、徳川、北条、さらに上杉と侵攻、和睦、同盟を繰り返したあげく、家康と組んで駿河侵攻を開始、永禄十二年にはついに駿府（静岡市）を掌握した。この信玄の活躍によって武田家の領土は甲斐一国のほか七ヶ国にまたがり、石高は百二十万石に達したという。

永禄十一年、将軍足利義昭を奉じて織田信長が上洛するが、やがて義昭と対立、義昭は信長討伐の御内書を各大名に送った。元亀三年（１５７２）、この呼びかけに応じる形で、信長討伐のため信玄は甲府を進発、西上作戦を開始。永年の夢であった京に旗を立て、天下に号令する第一歩であった。遠江、三河

へ攻め入った武田勢は破竹の勢いで進軍を続ける。

当初、家康は居城浜松城に籠城の構えを見せたが、武田軍は家康に一顧だに与えず、そのまま通り過ぎようとする。これに立腹した家康は決戦に出るが惨敗の憂き目に会う。家康の生涯たったひとつの負け戦といわれる三方ヶ原の戦いである。

武田軍は浜名湖北岸の刑部で越年、翌元亀四年、野田城（愛知県新城市）を落とした後、突如として動きを停止する。将である信玄が喀血したためである。諸将の合議の結果、甲斐に撤退することに決定する。

引き返す三河街道の信濃・駒場《こまんば》（長野県阿智村）で信玄は五十三年の生涯を閉じる。死因は肺結核だった。遺言は「三年間死を匿《かく》し、遺骸は諏訪湖に沈めよ」だったという。

そして重臣の山県昌景に「必ず瀬田に我が武田の旗を立てよ」といい、さらに後を継ぐ武田勝頼に「越後の謙信を頼れ」と言い残したという。江戸時代に入ると武田軍の詳細を描いた『甲陽軍鑑』がベストセラーとなり信玄人気は一層高まり、寛文十二年（１６７２）に甲府の恵林寺において信玄の百回忌の法要が行われ、多くの人が参列したといわれる。

柴田勝家

しばた かついえ

1522〜1583

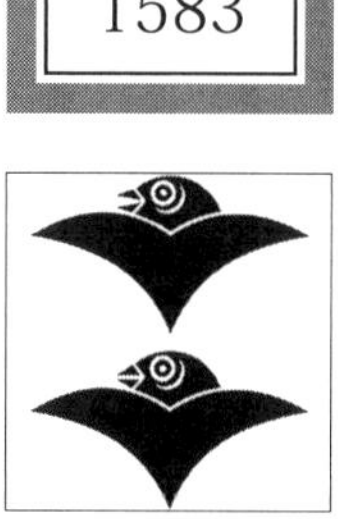

信長の織田家の筆頭宿老。一度は信長に叛いたが、許された後は、身も心も信長に捧げた。大永二年（１５２２）、尾張の愛知郡上社村（名古屋市名東区）に柴田勝義の子として生まれたとされるが、確かな資料はない。通称は権六、修理。あだ名は鬼柴田。

若い時から信長の父信秀に仕え、信長が家督を継いだ時にはすでに織田家の重臣であった。最初は信長の弟信行に家老として仕えていて、弘治二年（１５５６）、林佐渡守秀貞に誘われて信長と信行の後継争いである稲生《いのう》の戦いを起こすが敗北。信長、信行の母土田御前の取りなしで信行らの罪はいったん許されるが、信行の野心は変わらず、信長弑逆《しいぎゃく》の謀議をめぐらせる。

勝家は、幾度となくその無謀を諫言するが信行は聞く耳を持たなかったので、やむなく信長に通報する。信長は仮病を使って信行を清洲城に招いて殺害。以後、勝家は信長に仕えるようになった。

その仕え方も忠勤ひとすじで、度重なる戦でも、抜群の戦功をあげ、その勇猛さで、鬼柴田と恐れられた。

姉川の戦いで、朝倉・浅井軍を破った織田軍は天正元年（１５７３）、朝倉の本拠地である越前（福井県）一乗谷まで侵入、朝倉氏は滅亡する。勝家はこの功で、信長から越前四十九万石を与えられた。

天正四年には、信長の宿敵だった加賀の一向宗門徒を征伐し、信長を喜ばせると、越前北ノ庄（福井市）に九層といわれた北ノ庄城を完成させた勝家は、戦乱で荒廃した越前の復興に意を注ぎ、領民からも慕われたという。

天正八年、越中（富山県）、能登（石川県）の支配をめぐって越後（新潟県）の上杉景勝と対峙した時、本能寺で信長横死の報が入る。

勝家は急ぎ清洲に駆けつけるが、謀反人明智光秀はすでに中国から電撃の勢いで引き返した羽柴秀吉に討ち取られたあとだった。

そして、織田家の後継と領土分割を決める清洲会議では、勝家は信長の三男信孝を担ぐが、信長の嫡孫である三法師を推す秀吉、池田恒興、丹羽長秀らに破れる。

悲嘆に暮れる勝家に、諸将が勧めたのが、浅井長政の未亡人で、天下一の美

女と謳《うた》われた信長の妹お市との婚儀だった。永年憧れの「お市さま」を得た勝家は欣喜雀躍して北ノ庄に帰る。これを機に天下取りを目指す秀吉との戦いが始まる。翌年四月の賤ケ岳の戦いである。

情報収集力はもちろんだが、人心収攬《じんしんしゅうらん》術にも長《た》けた秀吉は、勝家の有力与力で府中（武生《たけふ》）城を守る前田利家をも味方につけると北ノ庄へと快進撃を続ける。

落城近しと覚悟を決めた勝家は、信長から拝領した思い出の品々を城内に飾り立て、天守閣で八十人の股肱《ここう》の臣を招き酒宴を催し、最後の別れを惜しんだ。そして、お市の連れ子である三人の娘たちを城外に出し、秀吉に後を託すと、お市と侍女たちを一人ひとり刺し殺し、天守閣に火をかけ、腹十文字にかき切って自刃する。

猛将と名も高かった勝家らしい見事な最期だった。時は天正十一年、勝家六十二歳。お市はいまだ三十七歳であった。

秀吉が預ったお市の娘、浅井長政の遺児たちは、長女の茶々は秀吉の側室に、次女の初は京極高次の正室、三女の江は徳川二代将軍秀忠の正室と、それぞれ数奇な運命を辿ったことは周知の通りである。

蜂須賀正勝

はちすか まさかつ

1526〜1586

豊臣秀吉股肱《ここう》の臣の筆頭にあげられるのが蜂須賀正勝。通称の小六で知られる。矢作《やはぎ》橋の上で浮浪者に近かった秀吉と出会ったというエピソードが有名だが、創作であろう。

大永六年（１５２６）、尾張の蜂須賀郷を拠点とした土豪蜂須賀正利の長男として生まれる。蜂須賀家は、木曽川の水運を担う、川並衆と呼ばれた集団のひとつだった。天文二十二年（１５５３）、父の死を機に郷里を離れ、美濃の斉藤道三に近侍する。道三の死後は、一族の内乱を制して織田家の当主となった織田信長に仕えた。

永禄九年（１５６６）、秀吉の手になる墨俣《すのまた》一夜城の築城に参加。以降秀吉の与力《よりき》として活躍する。金ケ崎城攻略、姉川の戦い、横山城攻めなどで武功を挙げ、横山城が秀吉に任せられると正勝がその城代となったのを見ても、当時からいかに秀吉から重用されていたかがわかる。

そして、天正元年（１５７３）、浅井氏を亡ぼした秀吉が長浜城主となると、正勝は秀吉の直臣となり、長浜領内に領地を与えられた。

天正十年、秀吉が毛利勢と戦っている最中に本能寺の変が起き、信長が非業の死を遂げる。いち早くその報を知った秀吉は、ただちに安国寺恵瓊《あんこくじえけい》と和睦を結ぶと、誓紙をとりかわし、陣を払い、すぐさま京に向かう。世に言う中国大返しである。そして明智光秀との山崎の合戦で勝利する。この時も正勝は大いに戦い、武勲を挙げた。

続く翌年の信長の後継を争う柴田勝家との争いにも秀吉は勝ち、天下の主《あるじ》へと昇りつめる。

天正十二年、前年からの病のため杉原家次（秀吉の妻ねねの叔父）が死去すると、正勝は家中での筆頭格の老臣となった。大坂城内に屋敷を与えられ、秀吉のよき相談相手を務めたという。

当主の座も嫡男の家政に譲り、隠居生活に入った訳だが、その後の家康との小牧・長久手の戦い、紀州征伐にも子息の家政を影ながら支え、相変らずの健在ぶりを示した。

とくに四国征伐においては、正勝は目付として出征し、秀吉から勝利の暁に

は阿波（徳島県）一国を与えるという内示を受けるが、隠居の身であることを理由に辞退したため、阿波は長宗我部氏との和議のあと正勝の子の家政に与えられた。

しかし、正勝は翌年から病に臥し、京都で養生のあと大坂に帰るが、ほどなく死去。死ぬまで秀吉に尽くした一生だった。享年六十一。そして蜂須賀家の徳島藩は明治維新まで続く。

講談や『絵本太閤記』などには蜂須賀小六は野盗の親分として面白く語られているが、明治になってからの蜂須賀家には面白い話がある。

ある時、蜂須賀茂韶侯爵が明治天皇と談笑した際、天皇がトイレか何かで座をはずされた。目の前にあった当時は大変珍らしかった葉巻を、つい欲しくなった蜂須賀が一本失敬し、ポケットにしまってしまう。座に戻った天皇はすぐそれに気付き、「蜂須賀よ、先祖の血は争えないのう」とのたもうた。

これに発奮した蜂須賀侯爵は、すぐに当時知られた歴史学者渡辺世祐に資料を徹底的に調べさせ『小六正勝伝』を書かせ、先祖は野盗ではなく、小さいながらもれっきとした城持ちの豪族だったこと世に知らしめた。それにしても明治天皇が、葉巻の数まで数えていたとは作り話にしても笑えるではないか。

柳生宗厳

やぎゅう むねよし

1527〜1606

ご存知、柳生新陰流の祖である。子の宗矩《むねのり》は徳川家の兵法指南役、孫の隻眼の柳生十兵衛三厳は、小説やテレビ、映画でおなじみだ。晩年は石舟斎を名のる。
大永七年（１５２７）、大和の国柳生庄（奈良県柳生町）を領する柳生家の当主家厳の嫡男として生まれる。初め戸田一刀斉に師事して富田流を学ぶ。また当時、大和を支配していた筒井氏の家臣として幾多の戦功を挙げた。永禄二年（１５５９）、三好長慶の家臣松永久秀が大和に侵攻、筒井順慶を敗走させ、大和を支配下に収めた。やむなく宗厳も久秀に就くようになる。
永禄六年、宗厳、三十六歳の時、新陰流の開祖上泉《かみいずみ》伊勢守信綱が奈良に立ち寄ると、宗厳は奈良法蔵院で面会、立ち合って完敗した宗厳は、己の未熟さを悟って即座に弟子入りをする。
同八年、ふたたび柳生を訪れた信綱に滞在を請い、宗厳は一心に学んだ。そして宗厳は自ら工夫した「無刀取り」を披露して「一国一人の印可」を授けら

れる。さらに翌永禄九年、三たび柳生庄を訪れた信綱より「新陰流目録」を与えられた。

三好長慶の死後の三好家の内紛で、三好三人衆と松永久秀が対立すると、宗厳は久秀方に加担し、さらに久秀が織田信長の上洛を画策すると宗厳もこれに協力する。

この頃の宗厳は、松永氏の弱体化により、半ば独立した型となっていたと見られ、以後、織田家と連携して動くようになる。

元亀三年（１５７２）、久秀と三好三人衆は織田信長と対決。初めは久秀側の戦力の前に信長側は劣勢となるが、やがて盛り返し、久秀は降伏して信長に臣従。しかし、この間の宗厳の動きは明らかでない。

天正五年（１５７７）、信長を囲む包囲陣の強さを見て、信長不利と判断した久秀は再び信貴山城に立てこもって信長と対決姿勢を示すが、織田軍の総攻撃を受けて天守に火をかけて自刃、松永氏は滅んだ。

これを見た宗厳は、不意に柳生谷にこもって、日夜、上泉新陰流の研鑽《けんさん》に励んだ。みにくい領土争いよりは、兵法者として生きようと決意するに至ったのである。

世を渡るわざの無きゆえ兵法を
　　かくれがとのみたのむ身ぞ浮き

当時の心境を詠んだ宗厳の歌である。

文禄二年（１５９３）、剃髪して但馬《たじま》入道石舟斎と号し、自ら作り上げた「無刀取り」の奥儀を極め、上泉新陰流から柳生新陰流へと大きく飛躍した。文禄三年、徳川家康に招かれて京都鷹ケ峰の陣屋で、家康相手に「無刀取り」の妙技を披露する。感嘆した家康はその場で入門の誓詞を提出。二百石の俸禄を与え、自らの側に出仕するよう求めたが、宗厳はこれを固辞し、同行した五男の宗矩を推挙した。

宗厳の死後、家督を継いだ宗矩は、二代将軍秀忠、そして三代家光と歴代将軍に新陰流を伝授し、その門弟たちも各藩の剣術指南役として採用され、宗厳の創案した柳生新陰流は、「天下一の兵法」と称されるほどの隆盛を誇った。

宗矩は大目付も務めるなど幕閣で重きをなし、加増を重ね、一万二千石の柳生藩主となる。

また宗厳の孫の利厳は尾張徳川家に仕え、新陰流は尾張藩で別格を以て遇され、現代まで連綿と伝えられている。

明智光秀

あけち みつひで

1528〜1582

明智光秀といえば、日本史上、最大の事件のひとつといっていい本能寺の変で、主君の織田信長を討った謀反人、あるいは裏切り者というのがいままでの評価だった。

しかし、信長からいまでいえばパワハラを受け、ついに堪忍袋の緒《お》が切れて、上司を返り討ちにした悲劇の智将という見方もある。後でも述べるが、本能寺の変の原因は諸説があってそれぞれ面白いが、いまはすべて謎のままである。光秀の前半生さえ謎の部分が多く、その辺が現代の作家たちの創作欲をそそるのかも知れない。

享禄元年（１５２８）、美濃（岐阜県）の明智城（可児市）で生まれたとされる。ほかに永正十三年（１５１６）、天文九年（１５４０）という説もあり、その隔《へだ》たりは親子ほどである。

明智氏は清和源氏の土岐氏の支流とされ、父の名は光綱、光国、光隆、頼明

など多くの説がある。通称は十兵衛、朝廷より九州の名族、惟任《これとう》の姓を賜ったので惟任日向守と呼ばれた。妻は熙子《ひろこ》。子供に細川忠興の妻珠（ガラシャ）、嫡男光慶などがいる。

美濃守護土岐氏が斉藤道三に滅ぼされると、光秀は道三に仕えるが、弘治二年（１５５６）、道三と息子の義龍が戦った際、道三側に就いたため、義龍に明智城を攻められ、一族は離散したという。

その後、越前（福井県）の朝倉義景を頼り、約十年間、義景に仕えたといわれる。この間に、細川藤孝に担がれ、次期将軍を目指す足利義昭が、援助を求めて朝倉家にやってくる。それ以降、深くかかわることになる義昭と光秀の出会いであった。

義景は頼りにならない、信長こそ頼りがいのある男、と光秀に勧められ、義昭は仲介役を光秀に依頼する。これが光秀の名が歴史史料に登場する最初となる。

光秀の叔母の小見《おみ》の方が斉藤道三の夫人で、その娘で信長の正室の濃姫（帰蝶）は光秀の従兄妹《いとこ》であったといわれる。確証はないが、何らかの血縁があったと推定され、それが信長と光秀を結ぶきっかけだったことは間違いないだろ

う。

以降、光秀は義昭の家臣であり、信長の部下でもあるという両属の型となり、永禄十一年（１５６８）の義昭を戴《いただ》いた信長の上洛にも加わった。

翌十二年には、羽柴秀吉、丹羽長秀、中川重政とともに織田氏支配下の京都の政務にあたり、事実上の京都奉行の職務をこなした。元亀元年（１５７０）、朝倉攻めでは、浅井長政の裏切りで危機に陥った信長が、急ぎ京都に逃げ帰る際に、秀吉とともに殿《しんがり》を務め、見事に防戦に成功。翌年の石山本願寺との戦い、さらに比叡山焼き討ちにも中心となって武功を挙げ、近江の国の滋賀郡五万石を与えられ、坂本城の築城に取りかかる。

元亀四年、足利義昭が信長に反抗して挙兵、光秀は義昭と袂《たもと》をわかって信長の直臣として参戦。降伏した義昭は京都から追放され、室町幕府は滅亡した。

天正三年（１５７５）、長篠の戦い、越前一向一揆殲滅に武功を挙げると、光秀は信長から丹波《たんば》（京都府）の攻略を任される。

しかしこれは長期戦となり、天正七年、八上城、黒井城を落とし、ようやく丹波は平定される。そしてこの功により光秀は丹波二十九万石を加増され、近江と合わせて三十四万石の大名となった。信長からは「丹波の国での光秀の働

きは天下一」と絶賛される。

丹波の拝領と同時に、丹後の細川藤孝、大和の筒井順慶ら近畿の諸大名が光秀の与力《よりき》として配属され、合わせると光秀の支配圏は二百四十万石となり、織田家中では最大となった。

天正九年には、信長の威勢を天下に示す京都御馬揃えの運営を任されるまでになる。この時には、「落ちぶれ果てていた自分を召し出し、このように莫大な人数を預けられた信長様への御奉公を忘れてはならない」という感謝状も書いている。本能寺の変のカケラさえ見えない。

翌十年五月、安土を訪れた徳川家康饗応役を命じられていた光秀は、不手際を理由に任務を解かれ、秀吉の毛利征伐の支援を命ぜられる。そして、六月二日早暁の出陣にあたって、光秀は重臣たちに信長弑逆《しいぎゃく》の決意を告げる。雑兵たちは信長討伐を最後まで知らされておらず、本能寺に着くまで徳川家康を討つのだと思っていたという。

京都本能寺を包囲した明智軍一万三千に対して、信長側は近習の百人足らず、勝敗は目に見えていた。

信長は槍を振るって奮戦するが、やがて寺に火を放ち自害。しかし死体は発

見されなかった。二条御所にいた信長の嫡男信忠、駆けつけた京都所司代村井貞勝も討ち取られる。

　京都を押さえた光秀は、坂本城に入ると近江を平定、続いて安土城に入って金銀財宝を家臣に与えた。さらに昇殿して朝廷にも銀五百枚を贈る。しかし光秀が一番頼りにしていた盟友細川藤孝は動かなかった。

　新政権を整える間もなく、十一日後の六月十三日、毛利氏と和睦した秀吉が引き返して来て天王山の麓《ふもと》、山崎に陣を張る。兵力は羽柴軍二万七千、明智軍一万七千、羽柴の兵力が勝るが、中国大返しで疲弊しており、明智軍有利と見られたが、黒田官兵衛の見事な戦略で、秀吉軍の勝利となった。

　同日深夜、居城の坂本目指して落ちのびる光秀は、途中落ち武者狩りの百姓の竹槍で深手を負い、自害。家臣の溝尾茂朝に介錯させ、首を近くの竹藪に隠したという。しかし翌日、百姓により発見され、まず本能寺にさらされ、のち京都粟田口にさらされた。

　前述したように、光秀が主君信長を討った行為は、近代に入るまで主殺しの逆賊との評価であったが、これは江戸時代、本能寺の変で神君家康が伊賀越えで進退極ったことなどから強調されたせいかも知れない。

光秀は内政手腕に優れ、領民たちを愛し、善政を敷いたといわれ、光秀の徳を偲ぶ地域がいまでも多くある反面、宣教師のルイスフロイスなどはその著『日本史』の中で「才智、深慮だけでなくその狡猾さで信長の寵愛を受けた」「裏切りや密会を好み、計略と策略の名人であった」と、辛辣《しんらつ》な評価しか与えていない。

光秀が本能寺で信長を倒した理由も諸説あって定説はない。

まず怨恨説。主君の信長は短気な性格であったため、光秀を「このキンカン頭（はげ頭）」と満座の中で罵倒したり、怒鳴りつけたという。それを根に持って復讐したという説だ。

次は野望説。もちろん光秀が天下統一をなしとげ君臨するということ。さらに室町幕府再興説や朝廷指示説、イエズス会主導説などもある。

また小栗栖《おぐるす》で殺されたのは偽物《にせもの》で、本物は生きていて、徳川の世に「天海」となって家康の指南役として仕えたという説まである。実際、天海の前半生は全く謎であり、天海の指示で造営された日光東照宮には、明智の紋の桔梗紋が多数使われていて、しかも近くに明智平と呼ばれる地まである。歴史の「イフ」はいつの世でも楽しい。

上杉謙信

うえすぎけんしん

1530～1578

日本史上有名な川中島の戦いで、甲斐の武田信玄と五度も雌雄《しゆう》を決した越後（新潟県）の武将。「甲斐の虎」の信玄に対して「越後の竜」と謳われた戦国きっての名将である。

信玄によって領国を追われた信濃守護の小笠原長時や葛尾城主の村上義清などの救援も謙信には領土的野心はいっさいなく、すべて義によって出陣したといわれる。

また戦乱が絶え間なかった越後を統一したのちも武田や北条、さらに織田との戦いなど、その四十九年に渡る生涯は戦いに明け、戦いに暮れたといっていい。

享禄三年（１５３０）、三条長尾家の当主である越後守護代長尾為景の四男として春日山城に生まれた。次男、三男ともいわれるが定かではない。幼名虎千代。寅年生まれのため名づけられた。母親は古志長尾家の娘虎御前。

当時、長尾家は蒲原郡（新潟県三条市）を所領とした三条長尾家、古志郡（長岡市）の古志長尾家、そして魚沼郡上田荘（南魚沼市）を地盤とする上田長尾家の三家に分かれ、守護代の地位の争奪を繰り返していた。

しかしやがて、三条長尾家が守護代の職を独占するようになる。これに反対する上田長尾家との抗争は以後も続き、それが長尾政景の謀反や謙信死後の御館の乱へと発展していく。

幼少時の虎千代は、手も付けられないほどの暴れん坊だったため、父の為景の怒りをかって、父や父の後を継いだ兄晴景から遠ざけるため、七歳で菩提寺である春日山林泉寺の天室光育に預けられた。

だが、虎千代の天賦の才を見抜いた天室和尚は、虎千代を仏門の戒律で縛ろうとはせず、放任しておく。

内乱の鎮圧で疲れ果てた父為景が、天文十一年（１５４２）に死去すると、為景に敵対していた揚北衆《あがきたしゅう》が春日山城に迫ったため、僧籍にあった虎千代は甲冑を着け、剣を持って亡き父の柩を護送したという。

しかし、兄晴景は病弱の上、酒色に溺れ、越後をまとめる才覚はなく内乱が相次いだ。事態の収拾に自信のない晴景は、虎千代を還俗させ、景虎と名のら

せ栃尾城に入れる。

弱冠十五歳の景虎を侮って栃尾城に揚北衆が攻め寄せるが、景虎はこれを撃退、みごとに初陣を飾った。敵対していた越後の諸将たちもこの景虎の武勇に舌を巻き、さらにその後の戦いで勝ち進む景虎に目を見張り、心服する将たちが次々と続いた。

これを謀反と決めつけた兄晴景との関係が悪化するが、守護の上杉定実の仲介で晴景は隠居、景虎は十九歳で越後守護代に就き、春日山城に入った。さらに二年後、上杉定実が後継を決めないまま死去したため、景虎が将軍足利義輝から越後守護の地位を認可され、名実ともに越後国主となるが、この相続に不満を持った上田長尾家の長尾政景が反乱を起こす。

景虎は坂戸城を包囲し、これを鎮圧。降伏した政景は、夫人の仙桃院が景虎の姉だったため助命され、以降、政景は重臣として景虎のよき補佐役となる。この政景の乱を最後として越後の内乱は収まり、景虎は越後統一を成し遂げたのである。まだ二十二歳の若さであった。

天文二十一年、武田信玄の信濃侵攻により追われた信濃守護小笠原長時が、翌年には葛尾城主村上義清が、景虎に救援を求めてくる。信玄討伐を決意した

景虎は、自ら軍を率いて信濃に出陣、武田領深く侵攻、武田方の諸城を攻め落とした。第一次川中島の戦いである。

翌天文二十二年、景虎は初めて上洛、後奈良天皇、第十三代将軍足利義輝に拝謁。さらにその翌年には再び信濃へ出兵、信玄と対峙した。しかしこの第二次川中島の戦いは、今川義元の仲介で和睦となる。

弘治二年（１５５６）、有名な景虎の出家騒動が起きる。景虎の義による出兵に得るものがなく、次第に景虎に対する家臣団の不満が募っていく。さらに家臣の領地の境界をめぐる紛争も頻発、心身とも次第に疲れ果てていった景虎は突然出家を宣言。林泉寺の天室和尚に遺言を託し、高野山へ向かう。

あわてた家臣団が必死に追い、ようやく大和《やまと》の葛城山麓で追いつき、思いとどまるよう懇願、家臣達が「以後は謹んで臣従し、二心は抱かない」という誓約を差し出すことにより、景虎もこれを受け入れた。多分、自分から人心が離れていくことを防ぐための計画的な行動だったのだろう。

そして永禄三年（１５６０）、桶狭間で今川義元が織田信長に討ち取られると、この機に乗じ、景虎は北条氏康を討伐するため三国峠を越えて関東に出陣。途中から参陣した諸将たちの兵も加え、十万を越える大軍で小田原城を包囲する

が、氏康と同盟を結ぶ信玄が軍事行動を起こす気配を見せると、落とした北条方の松山城、厩橋城などに重臣を残し帰国する。

この間、景虎は鎌倉の鶴岡八幡宮において永禄四年、上杉憲政から山内上杉家の家督と関東管領の職を相続し、名を上杉政虎と改めた。

そして越後に帰国した同年八月、最大の決戦といわれる信玄との第四次川中島の戦いが始まる。政虎は一万三千の兵を率いて妻女山に布陣するが、武田方の裏をかいて深夜、八幡原に移動、夜明けとともに激戦が始まった。越後軍は武田信繁、山本勘助、両角虎定など名のある武将を数多く討ち取り、武田方に大打撃を与えた。

川中島の戦いはもう一回あるが、この第四次を機に北信をめぐる武田との抗争はほぼ収束し、関東はもちろん畿内の情勢もこのあと大きく変わっていく。同年暮、政虎は将軍義輝の一字を賜り、名を輝虎と改めた。

永禄十一年、新しく将軍となった足利義昭からも関東管領に任命されると、武田氏との抗争を終わらせた輝虎は、徳川家康、北条氏、織田信長らに対峙することとなった。そして元亀元年（１５７０）、法号を不識庵謙信とすると、謙信の眼は越中（富山県）、能登（石川県）へと向けられる。天正四年（１５

76)、越中へ出陣。次々と城を落とし、越中を制圧。さらに能登の覇権をかけた七尾城の戦いに勝利した謙信は、能登一国をも支配下に入れた。

天正五年、春日山城に帰還した謙信は、次の遠征に向けての大号令を発するが、遠征開始の六日前、春日山城で急死。享年四十九であった。死因は脳溢血といわれる。生涯不犯を貫いたため子は全員養子だった。

辞世の句は、

四十九年一睡の夢
　一期の栄華一盃の酒

武田信玄とは五度も戦火を交えた宿敵だったが、お互い相手の力量は充分認め合い、尊敬しあっていたという。頼山陽の『日本外史』によれば信玄の死を食事中に聞いた謙信は「われ好敵手を失えり、世にまたこれほどの英雄あらんや」と箸を落として号泣したといわれる。

また海のない甲斐が今川との同盟の破棄によって塩の交易を止められると、これを卑怯と感じた謙信は、川中島の戦いの最中であっても信玄に塩を送った。「敵に塩を送る」の故事として有名な話である。まさに義将という言葉は上杉謙信のためにあるといってもいい。

吉川元春

きっかわ もとはる

1530〜1586

息子三兄弟の結束を「三本の矢」に例えた戦国の雄、毛利元就の次男。母は吉川国経の娘の妙玖。同母の兄弟に兄の毛利隆元、弟の小早川隆景がいる。元春が継いだ吉川家は藤原南家の流れを汲む安芸の名門である。

享禄三年（１５３０）、安芸吉田郡山城で生まれた。通称は少輔次郎。出雲の尼子晴久が侵攻した吉田郡山城の戦いでは、父の反対を押し切って出陣し、見事な活躍ぶりを見せて、初陣を飾った。まだ元服前だった。天文十二年（１５４３）、兄の隆元より元の字を戴き、元春と名のる。

天文十六年、母方の従兄《いとこ》である吉川興経《おきつね》の養子となる。続く天文十九年、元就は興経を強制的に隠居させると元春に家督を継がせた。さらに家臣に命じて興経とその子千法師を殺害させる。すべて元就の調略だったという。そして元春は弟の小早川隆景とともに「毛利の両川」と呼ばれ、山陰地方の政治、軍事を担当。毛利発展の礎を築くのに貢献する。

弘治元年（１５５５）の厳島の戦いでは、吉川軍を率いて、陶晴賢《すえはるかた》の大内軍を撃滅。十年後の永禄八年（１５６５）の第二次月山富田城の戦いでは毛利軍の主力として参戦、輝くような武功を挙げ、晴久の後を継いだ尼子義久を降伏させる。

尼子氏が栄えていた山陰地方に、毛利氏が勢力を広げられたのも、元春の天才といってもいい軍事力のせいであった。

他方、彼はまた和漢の学に長じ、『古今和歌集』『源氏物語』『太平記』などが愛読書だったという。

この月山富田城の戦いの二年近くの間も暇《ひま》を見つけては『太平記』の筆写に余念がなかったという話は有名で、彼の写した『太平記』は吉川本といわれ全四十巻を完備していることから、古典の研究上きわめて貴重な資料とされ、昭和三十四年には国の重要文化財にも指定されている。

元亀二年（１５７１）、父元就が死去すると、その後を継いだ兄隆元の嫡男輝元を弟の隆景とともに補佐する立場となった。一方、元春に敗れた尼子勝久らは中央で勢力を拡大してきた織田信長を頼り、その援助を受けて抵抗を続けていく。

天正六年（１５７８）、元春は勝久やその忠臣の山中鹿之介が籠る上月城を攻撃し、勝久を自刃させる。鹿之介も処刑され、ここに宿敵だった尼子氏は完全に滅亡した。

その後も、元春率いる毛利軍は各地で中国侵攻の織田軍と戦い続けるが、天正八年、三木城が落城、城主別所長治は自害。続いて備前の宇喜多直家も織田方に寝返り、さらに豊後の大友宗麟が織田と呼応して毛利領に侵攻。毛利氏は日の出の織田氏のため、次第に劣勢となっていった。

そして天正十年、清水宗治の籠る備中高松城が羽柴秀吉に攻撃されると、元春は輝元、隆景とともに救援に赴くが、その時、勃発したのが本能寺の変だった。その報を知った秀吉は急遽、毛利方と和議を結び、世に言う中国大返しによって京へ急ぐ。

翌日、雑賀衆からの情報でこの事を知った元春は、ただちに追撃を主張したが、弟の小早川隆景に無謀と制止され断念したといわれるが、もし毛利の大軍が追撃していたらその後の天下はどうなったかわからない。

秀吉嫌いで有名だった元春が、弟の隆景に説得され、しぶしぶ九州平定に参加、その途中、豊前小倉城で死去。享年五十七。

小早川隆景

こばやかわ たかかげ
1533〜1597

毛利元就の三男で、兄に毛利隆元、吉川元春がいる。父である元就の陰謀により、竹原小早川家を継承し、そののち沼田小早川家も継承、そして両家を統合した。

兄元春とともに毛利の両川として父元就を助け、元就の死後は甥の毛利輝元をよく補佐した事実上の毛利家の主導者といっていい。豊臣秀吉に信頼され、秀吉の晩年には、豊臣政権の大老のひとりとなった。

天文二年（１５３３）、吉田郡山城で生まれた。母は兄ふたりと同じ妙玖。幼名は徳寿丸。通称は又四郎。別名は筑前宰相、三原中納言。

剛直な兄元春とは異なり、隆景は父ゆずりの謀略に長けた智将といってよく、毛利家の運命を決めた厳島の戦いでも、瀬戸内海で勢力を張っていた村上水軍を味方に引き入れた隆景の手腕があったからこそ、毛利軍は勝利出来たのである。

これで陶《すえ》軍の退路を断ったほか、父と呼応した上陸作戦でも、敵本陣を急襲して混乱に陥れ、圧倒的な勝利を収めている。隆景が智だけでなく、武にも長けていたかがよくわかる。

永禄六年（１５６３）、兄隆元が急死し、甥の輝元が家督を継ぐと、兄の吉川元春とともによく補佐し、元春が軍事面を、隆景が政務、外交面を担当、毛利家の結束は以前にも増して強くなった。

しかし、天正二年（１５７４）に入ると織田信長の勢力が目に見えて強くなり、毛利領にまで迫るようになる。

翌々天正四年、鞆《とも》に落ちのびて来た室町十五代将軍足利義昭の強い誘いもあり、毛利は織田氏と断交、元春が山陰、隆景が山陽をそれぞれ担当し、信長包囲陣を築き、信長と本格的に戦うこととなった。

しかし、天正六年に越後の上杉謙信が急死、石山本願寺も信長と講和すると一挙に信長包囲陣は崩壊する。

さらに、信長の中国方面司令官である羽柴秀吉の攻略は次第に激しくなり、さすがの毛利氏も劣勢となっていった。

天正八年の三木城陥落に続き、天正十年には清水宗治の備中高松城が包囲さ

れる。隆景は毛利兵三万を率いて救援に向かう。しかし、武田氏を滅亡させた信長の本軍が、備中に向けて出発の準備しているという噂を耳にした隆景は、勝利は見込み薄と判断し、安国寺恵瓊《えけい》を通じて秀吉との和睦交渉を秘密裏に始めた。

その矢先に勃発したのが、明智光秀による本能寺の変だった。すぐさま城主の清水宗治の切腹を条件に、毛利と和睦した秀吉は、中国大返しにより京都への進軍を開始する。

一日おくれにこの情報を得た毛利軍の吉川元春は、ただちに追撃を主張するが、和睦の誓紙を血痕未だ乾かぬうちに破るは武士の恥という、弟隆景と恵瓊の必死の説得で断念する。

このことが、その後の秀吉の隆景に対する信用を一層高めることとなった。やがて天下を統一した秀吉は隆景を幕僚としても重く用い、隆景も秀吉を深く敬愛し、四国攻め、九州攻めにも武功を挙げ、やがて徳川家康、前田利家らとともに豊臣政権の大老にまで上りつめる。

さらに実子のなかった隆景は、秀吉の一族秀俊をもらい受け家督を譲った。のちの関ケ原で豊臣を裏切ることになる小早川秀秋である。

朝倉義景

あさくら
よしかげ

1533〜1573

越前（福井県）の国主、朝倉家の第十一代にして最後の当主である。天文二年（１５３３）、第十代孝景の長男として一乗谷（福井市）で出生。母は若狭武田氏の武田元信の娘といわれる。幼名は長夜叉。十六歳で家督を継ぐ際に、延景と名のる。

天文二十一年、室町幕府十三代将軍義輝から義の一字を賜って義景と改名。さらに時の管領細川晴元の娘を正室に迎えたことにより、室町幕府と親密な関係を築く。一方、それは衰退の続く足利将軍家にとっても大きなうしろ立てを得たこととなった。

永禄八年（１５６５）、将軍義輝が三好氏らの手で暗殺されると、次の将軍を狙って、奈良で僧籍にあった覚慶が、細川藤孝らに担がれて還俗、朝倉を頼って越前にやってくる。そして朝倉館で元服し、義昭と名のる。しきりに義景に上洛を頼むが義景は動かなかった。

当時の朝倉家は、丹後、若狭、近江など近隣諸国に兵を派遣はするが、他国から侵略されることはなかった。戦に明け暮れる戦国時代にあって、越前一乗谷はまさに台風の眼のように静かな平和国家であった。

一方、尾張で反信長勢力を一掃した織田信長は、桶狭間で今川義元を破り、東からの脅威を除くと、美濃を手に入れ、伊勢も平定、煮え切らない朝倉を見限ってやってきた足利義昭を戴《いただ》いて上洛、天下人への第一歩を踏み出した。

信長は朝倉氏にも上洛を促し、織田方への協力を求めるが、義景はこれを拒否する。

かねて美濃から京への道として越前を狙っていた信長は、朝倉の上洛拒否を絶好の口実として、元亀元年（１５７０）、三万の大軍を率いて朝倉討伐に乗り出した。

そして朝倉の支城を次々と落とし木芽《きのめ》峠にさしかかった時、妹お市を嫁がせ義兄弟となっていた浅井長政の裏切りを知る。

前には朝倉の軍勢、後ろには浅井の精鋭と、まさに進退極った信長は、殿《しんがり》に木下藤吉郎、明智光秀の軍を残して一目散に京に逃げ帰った。まさに九死に一生を得た岐阜への帰還であった。

屈辱にまみれた信長は、岐阜に帰るとただちに軍を再編、徳川家康と組んだ織田・徳川軍は、近江の姉川で朝倉・浅井軍と対峙、姉川の水を血で真赤に染めたといわれる激戦の末、朝倉軍は敗れ、義景は真柄直隆など多くの武将を失った。

そして天正元年（１５７３）、信長はふたたび三万の軍勢を率いて朝倉・浅井討伐のため近江に侵入。まず五千の軍勢で籠城する浅井の小谷城を包囲すると、義景は、家中の反対を押し切って二万の兵を率いて浅井救援のため出発する。

琵琶湖北方の余呉に陣を張った義景は小谷城を後詰めすべく砦を築くが、織田軍はこれを次々と撃破。戦意をなくして義景は、一乗谷への帰還を目指すが、織田軍は火を放って一乗谷に突入した。

義景は手勢のみを率いて一乗谷を脱出、仮宿舎としていた六坊賢松寺で、同族の景鏡の裏切りに会い、自刃。四十一歳の生涯を閉じた。

義景は性格的には武将というより文化人といってよく、戦国の世を生きぬく資質に欠けていたことが、朝倉氏滅亡の原因だったのかも知れない。その十日後、小谷城も炎上し、浅井氏も滅んだ。

細川藤孝

ほそかわ ふじたか

1534〜1610

細川藤孝は武将としても有能だったが、文化人としても名高く、藤原定家から連綿と受け継がれた二条流歌道の伝承者で、古今伝授の第一人者として知られた。

嫡男の忠興の妻が裏切り者といわれた明智光秀の娘珠（ガラシャ）だったため、本能寺の変のあと光秀に協力要請を受けるが拒否。ただちに忠興に家督を譲り、剃髪して隠居、幽斉と号した。

天文三年（1534）、三淵《みつぶち》晴員の子として京都東山に生まれた。幼名は万吉。通称は与一郎。天文九年、七歳の時、父の兄である細川元常の養子となる。天文十五年に将軍足利義藤（のちの義輝）の一字藤を賜って藤孝と名のる。

以降、幕臣として足利義輝に仕えるが、義輝が三好三人衆に暗殺されると、奈良興福寺から義輝の弟の覚慶を救出し、還俗させて義昭と名のらせると、義昭の将軍就任のために奔走する。

近江の六角義賢、若狭の武田義統、そして越前の朝倉義景らを頼るが、いずれも動かず、朝倉家に仕えていた明智光秀と意気投合、織田信長を頼ることになった。

永禄十一年（１５６８）、信長が義昭を奉じて上洛したあと、義昭とともに三好三人衆と戦うが、やがて義昭と信長が不和になると藤孝は両者の和解のため奔走する。

しかし義昭の信長への不信はもはやどうにもならなくなっていた。

そして、義昭は藤孝の諫言も入れず挙兵する。藤孝はついに永年仕えた義昭を見限って信長に臣従することを決意した。

藤孝は、信長から山城（京都府）の桂川の西、長岡一帯を与えられると、長岡氏を称し、長岡藤孝と改名する。こののち藤孝は明智光秀の与力として、石山本願寺攻め、紀州（和歌山県）の雑賀《さいが》衆攻め、松永久秀討伐などで次々と武功を挙げた。

文化人としてだけでなく、塚原卜伝《ぼくでん》に剣術を学び、吉田雪荷《せっか》から弓術の印可を受けた藤孝の戦場での采配は、見事なものだった。

しかし、天正八年（１５８０）の丹後（京都府）侵攻では国人たちの反撃に

会い失敗。やがて光秀の加勢を得て、ようやく丹後南部を平定。その功で信長から丹後半国の領有を認められ、以降、藤孝は宮津を居城とする。

天正十年の本能寺の変では、先述した通り光秀の再三にわたる要請を断り田辺城に隠居してしまうが、同じ与力の筒井順慶も参戦を断り、失意の光秀は山崎の戦いで秀吉に敗れ自害してしまう。

藤孝には、もともと将軍家の直臣であった自分が、光秀の配下に入ることを潔《いさぎよ》しとしない思いがあったともいわれる。

その後、藤孝は光秀を破った羽柴秀吉に重用され、紀州征伐、九州平定にも武将として参陣。秀吉が没したあとは家康に接近。家康の上杉征伐の際には嫡男の忠興が細川の軍勢を率いて参陣すると、藤孝は五百人ほどの手勢で田辺城で留守を預かっていたが、石田三成の兵一万五千に包囲されてしまう。

藤孝は少ない手勢で頑強に抵抗、ようやく後陽成天皇の勅命により講和が成立したのは関ケ原の戦いの二日前だった。

一方、嫡男の忠興は関ケ原の功により豊前（福岡県）小倉で三十九万九千石という大封を得る。そして藤孝は、名も長岡から細川に戻した。その後、幽斎として京都で悠々自適の生活を送ったという。

織田信長

おだ のぶなが

1534〜1582

戦国乱世を終わらせ、天下統一を目指した革命児。志《こころざし》半ばで家臣明智光秀の謀反のため京都本能寺で斃《たお》れた悲劇の武将でもある。しかしその志は部下の豊臣秀吉に受け継がれ、さらに徳川家康の手で天下は平定された。

日本人の好きな歴史上の人物の調査では、つねにベストスリーに入っていて、小説、映画、テレビにも数多く登場し、いまさらその生涯は語るまでもないかも知れない。

天文三年（１５３４）、尾張（愛知県西部）の一地方領主織田信秀の嫡男として生まれた。母は土田御前。幼名は吉法師。別名は三郎、上総介《かずさのすけ》、右大将、右府。

幼い時から青年期までは「尾張の大うつけ」と呼ばれていたが、家督を継いだ後は、尾張守護代の織田大和守家、織田伊勢守家を滅ぼし、さらに弟の信勝（信行）を謀殺して、尾張の統一を達成することになるが、それは後のことである。

天文十七年、父信秀が敵対していた美濃の斉藤道三と和睦すると、その証《あかし》として道三の娘濃姫と信長との婚儀が成立した。そして天文二十一年、父が没すると信長は家督を相続、上総介信長と称するようになった。

翌年、父の葬儀の際の信長の無礼を諫言《かんげん》した宿老の平手政秀が、責任を取って自害。信長は嘆き悲しみ、政秀寺を建立、その霊を弔った。

政秀の死から三ケ月後、信長と義父斉藤道三との会見が、富田の正徳寺で行われた。尾張の大うつけを一目見たいという好奇心と信秀亡き後の尾張の情勢を握む意図で、道三の方から申し込んだ会見だった。

信長は道三の謀略の可能性もあるにも関わらず、迷うことなくこれを承諾したという。

まず道三は町はずれの小屋に隠れ、信長の行列をのぞき見する。その時の信長の格好は、父の葬儀の際と同じ髪は茶せん、湯帷子《かたびら》を袖脱ぎにし、大刀をわら縄で巻き、さらに太い麻縄で腰を巻き、そこに火打袋やひょうたんをぶら下げ、袴《はかま》は虎と豹の皮を四色に染めわけた半袴といういで立ちだった。

だが道三の度胆を抜いたのは、七百人の部下たちに三間半の朱槍五百本、鉄砲五百挺を持たせていたことだった。わずかその十年前に伝来した鉄砲を、こ

れだけ揃えられるということは、莫大な財力がなければ到底不可能なことだった。

道三の家臣たちが見守る中、悠然と境内に入った信長はすぐさま屏風《びょうぶ》を立てると、髪の毛をととのえ正装を身につけ、見事な若武者へと変身した。

そして、道三と信長は挨拶のあと、湯漬けを食べ、盃をかわし、大いに語り合ったという。

美濃への帰り道、道三の近習の猪子兵介が「信長は評判通りのうつけでしたな」というと、道三は「やがてわが息子たちは、あのうつけの門前に馬をつなぐことになろう」と言ったという話は有名である。

ともあれ、信長に惚れこんだ道三は、自分が死んだら美濃一国を進呈するという誓紙まで書くが、弘治二年（１５５６）、子の斉藤義龍との戦いで敗死してしまう。信長は道三救援のため木曽川を越え出陣するが、すでに戦いは終っていた。

信長のうしろ立てと思われた美濃の斉藤道三が死ぬと、時をうつさず、弟の信勝が宿老の柴田勝家、林通勝らにかつがれ謀反を起こした。両者は稲生《いのう》（名古屋市西区）で激突するが、信長の勝利で終わる。

この時は二人の生母土田御前の中立ちで信勝、勝家は無罪放免となるが、永禄元年（１５５８）、信勝は再び兄に反旗を翻した。この時は、逆に勝田勝家からの密告で知った信長が、仮病を使って信勝を清洲城に誘い出し誅殺してしまう。

二年後の永禄三年、駿河（静岡県）の今川義元が尾張侵攻を開始。その数は四万五千とも言われる大軍であった。兵数千の織田軍は雨の中、奇襲作戦を敢行し、見事に敵将義元の首級を挙げる。信長の天下取りのスタートと呼んでいい桶狭間の戦いである。

永禄八年、犬山城の織田信清を下し、ついに信長は尾張統一を達成する。さらにこの年、境界を接する甲斐（山梨県）の武田信玄と同盟を結び、信玄の四男勝頼と自身の養女龍勝院との婚姻を成立させた。それ以前、永禄四年には北近江の浅井長政に妹お市を嫁がせ、同盟を結んでいる。

永禄十年、信長は斉藤義龍の後を継いだ龍興を破り、美濃を併呑、稲葉山城に居を移し、斉藤氏の城下の井ノ口を岐阜と改めた。同時に「天下布武」の朱印を使用し始めている。天下統一を目指す心が固まったからだろう。

当時、京都では室町将軍足利義輝が殺害され、還俗した弟の義昭が次期将軍

を目指していた。永禄十一年、信長は義昭を奉戴《ほうたい》し上洛。義昭を十五代将軍に就任させる。

しかし、信長と幕府との二重政権は永くは続かず、義昭が諸大名に信長追討の書簡を送り出したため、元亀四年（1573）、義昭は京都から追放されてしまう。将軍不在のまま、信長は天下人への道を歩み始める。

元亀から天正への改元を実現させると、信長は敵対していた浅井長政、朝倉義景、三好義継など旧勢力を滅ぼすことに成功し、天正三年（1575）、最大の敵、武田氏を長篠の戦いで戦砲を駆使した戦術で打ち破ると、右近衛大将に就任、室町幕府に代わる織田新政権の構築に乗り出した。

翌年には安土城築城を開始。同時に信長に叛いた荒木村重、松永久秀、別所長治らを粛清すると、天正八年、長きにわたった石山本願寺との合戦に決着をつける。その翌年には京都で大規模な馬揃えを行い、天下人信長の威容を市民たちに印象づけた。

天正十年、武田勝頼を天目山で自害に追い込むと、東日本の大名たちのほとんどは信長に従属することとなった。残るは四国の長宗我部、中国の毛利、九州の島津だけとなる。

そして羽柴秀吉からの要請で、毛利討伐の陣頭指揮を執るため、安土城を出発。途中、京都の本能寺で宿泊していた時に、重臣の明智光秀の謀反によって波瀾の生涯を終える。天正十年六月二日未明のことだった。

その四ヶ月後、信長の後継を目指す羽柴秀吉によって京都大徳寺において信長の葬儀が盛大に行われた。

余談になるが、この本能寺の変という日本史上でも有名な出来事には多くの謎がある。

まず信長の遺体がなかったことだ。光秀も遺体を探しまわったが見つからず、京都の山崎で光秀を破った秀吉もあらためて遺体を探させたが、やはり見つからなかった。

そのため秀吉による大徳寺の葬儀では等身大の木像を作って焼き、その灰を遺灰の代わりとして骨壷に入れたという。

また真犯人は光秀単独ではなく、そのうしろに黒幕がいるとか、秀吉説とか、家康説とか、はてはイエズス会説とか、諸説がある。中には信長は生きていて、火傷で人前に出られる顔でなくなったため、秀吉が死ぬまで匿《かくま》っていたという珍説まである。

島津義弘

しまづ よしひろ

1535～1619

薩摩（鹿児島県）の十七代当主島津義弘といえば、すぐに思い浮かぶのが関ケ原の戦いで見せた敵中突破の退却だろう。

義弘の属した西軍は、小早川秀秋の裏切りによって総崩れとなり、石田三成隊、宇喜多秀家隊などすべてが退却し、気がついてみれば残っていたのはわずか三百人の島津勢だけとなっていた。

そこで義弘が見せたのは、全軍一丸となっての敵中突破だった。まず先陣を甥の豊久、右陣は山田有栄、本陣を義弘と決め、突撃を開始、旗指物《はたざしもの》などすべて捨てての決死の行動だった。

あっけにとられた福島正則隊を突破し、家康の本陣に迫ったところで転進、伊勢街道をひたすら南下した。あわてて本多忠勝、井伊直政らが追撃するが間に合わなかった。

この時、島津軍は「捨て奸《がまり》」といわれる戦法をとった。何人かずつが留まっ

て死ぬまで敵の足止めをし、それが全滅するとまた新しい足止め隊を残すという、壮絶な戦法である。

このため、豊久らが義弘の身がわりになって戦死、多くの将兵も戦死して、大坂にたどりついた時は三百人のうちわずか八十名だった。

その一方で、家康の陣と長束正家の陣に使者を出し、退却の挨拶までさせていたという。

鹿児島に帰った義弘は、蟄居して恭順の意を示したが、兄の義久は家康との決戦を予想して戦いの準備も進めたという。

その一方で家康の側近井伊直政を通して、ひたすら謝罪に努めた。敵ながら見事な退き際に感動した直政も、極力、島津のために動いてくれた。

家康もやむなく、関ケ原での行動はすべて義弘個人のやったこと、島津氏には責任なしという判断を下し、本領は安堵、義弘の罪は問わずとの結論を出した。

関ケ原から二年の歳月が経っていた。そして〝島津恐るべし〟の印象が家康の脳裏深く刻み込まれたのである。

島津義弘は、天文四年（１５３５）、薩摩の大名島津貴久の次男として生ま

れる。はじめ忠平と称していたが、後に室町幕府十五代将軍足利義昭から一字いただいて義珍《よしたか》、続いて義弘と改めた。

兄義久が家督を継ぐと、義弘は兄を補佐し、元亀三年（１５７２）の木崎原の戦いで、伊東義祐が三千の大軍で攻めてきたのに対し三百の兵で奇襲、見事に打ち破る勇猛ぶりを発揮、以降島津氏の勢力拡大のため活躍する。

天正十五年（１５８７）、島津の宿敵大友氏の要請によって九州に侵攻してきた豊臣秀吉の大軍を前に、義弘は抜刀して切り込むという活躍をするが結局、衆寡敵せず、大敗北。折角手に入れたほぼ九州全土から薩摩、大隅《おおすみ》、日向以外はすべて取り上げられ、豊臣政権の一大名となる。

秀吉の朝鮮征伐でも積極的に協力し、渡海した各大名のうちでも薩摩の猛勇ぶりは群を抜き、朝鮮や明《みん》軍から義弘は、「鬼石曼子（グイシーマンズ）」と恐れられたという。日本でも義弘のあだ名は「鬼島津」だった。

秀吉の死後、天下分け目の関ケ原での義弘の見事な退却劇は前述した通りである。

元和五年（１６１９）、隠居先の加治木で眠るように死去。八十五歳の長寿だった。

豊臣秀吉

とよとみ ひでよし

1536〜1598

尾張の最下層の出身ながら日本中の大名を臣従させ、天下統一を果たした稀有な人物が豊臣秀吉である。墨俣の一夜城、金ケ崎の退き口、高松城水攻め、中国大返し、山崎の戦い、小田原征伐など、秀吉の生涯は、多くの小説、映画、テレビなどで知られている。

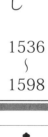

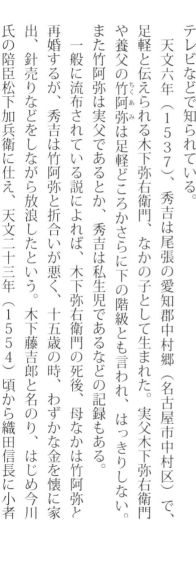

天文六年（１５３７）、秀吉は尾張の愛知郡中村郷（名古屋市中村区）で、足軽と伝えられる木下弥右衛門、なかの子として生まれた。実父木下弥右衛門や養父の竹阿弥《ちくあみ》は足軽どころかさらに下の階級とも言われ、はっきりしない。また竹阿弥は実父であるとか、秀吉は私生児であるなどの記録もある。

一般に流布されている説によれば、木下弥右衛門の死後、母なかは竹阿弥と再婚するが、秀吉は竹阿弥と折合いが悪く、十五歳の時、わずかな金を懐に家出、針売りなどをしながら放浪したという。木下藤吉郎と名のり、はじめ今川氏の陪臣松下加兵衛に仕え、天文二十三年（１５５４）頃から織田信長に小者

として仕える。

信長の草履《ぞうり》取りをしていた際には、草履を懐で温めておいてから差し出して信長を大いに喜ばせた。秀吉の生涯でも有名な逸話である。

永禄四年（１５６１）、浅野長勝の養女ねねと結婚。のちの北政所《きたのまんどころ》である。秀吉の名が現われる最初の史料は永禄八年の坪内利定あての安堵状であり、そこに木下藤吉郎秀吉の副署がある。すでに秀吉が信長の有力な部将のひとりとして認められていた証拠といっていい。

そして織田家で秀吉の名が大きく挙がるのは永禄九年の墨俣一夜城の築城である。美濃の斉藤氏攻略のため、長良川西岸の墨俣に、たった一夜で礎いたと言われるが、後世に誇張された話に違いない。

この時、秀吉に協力したのが、のちに配下となる蜂須賀小六や前野将右衛門ら土地の土豪たちだった。

元亀元年（１５７０）、越前（福井県）の朝倉義景討伐の際にも、金ケ崎で信長の妹婿の浅井長政の裏切りに会い、背後から急襲されるという、信長の絶体絶命の際にも、自ら買って出て殿《しんがり》を務め、見事な采配を振るった。

天正元年（１５７３）、浅井氏が滅亡すると、その旧領北近江三郡の地が秀

吉に与えられ、今浜の地を長浜と改め、長浜城に入り、初めて城持ちの大名となった。

　そして近江から広く人材を募り、その中に石田三成や、のちの五奉行となる長束《なつか》正家、増田《ました》長盛らがいた。

　天正五年、信長から毛利氏の勢力下にあった中国攻めを命ぜられると、小寺孝高（黒田官兵衛）から姫路城を譲り受けて、ここを中国攻めの拠点とする。以後、官兵衛は秀吉の知恵袋として天下取りを目指してともに歩むこととなった。

　同八年には織田家に反旗を翻した三木城主別所長治を二年にわたる兵糧《ひょうろう》攻めの末、これを降《くだ》し、十年には備中《びっちゅう》（岡山県）に侵攻、高松城を水攻めに追い込む。金と時間がかかっても必ず敵に勝ち、しかも味方の兵力を損わない、秀吉得意の戦術がいかんなく発揮された。

　勝利が近いと見た秀吉は、主君信長に花を持たせようと救援を乞う。そして、その途中、天下をゆるがす大事件が起こる。天正十年六月二日未明の本能寺の変である。

　いち早く事件を知った秀吉は、清水宗治の切腹を条件に毛利方と講和し、の

ちに中国大返しと呼ばれた迅速な行軍で京都に引き返し、京都郊外の山崎で明智光秀を討ち果たし、京都における支配権を握った。

六月二十七日、尾張清洲城で信長の遺領の分割と後継者を決める会議が開かれる。三谷幸喜監督『清須会議』のモデルとなった清洲会議である。信長の三男信孝を押す柴田勝家に対し、光秀討伐という大義名分を得た秀吉は信長の嫡男信忠の遺児三法師を推し、丹羽長秀、池田恒興らを味方につけて勝利。信長なき織田家中は秀吉を中心に動くようになる。一層対立が激しくなった勝家を翌年、賤《しず》ケ《が》岳《たけ》で打ち破り、居城北ノ庄（福井市）に追い込むと、勝家は城に火を放ち、妻のお市の方と自害する。

　こうして織田家最大のライバルを葬った秀吉は、織田家中第一の地位を確立、天下人への第一歩を踏み出した。

　しかし、その前に立ちはだかったのが、着実に力をつけて来た徳川家康だった。天正十二年、信長の次男信雄と組んだ家康相手に小牧・長久手の戦いが始まる。戦いは一進一退を繰り返し長期に渡るが、勝敗はつかず、その間、秀吉は同志の池田恒興、森長可を失ってしまい、最後は家康が次男の秀康を人質として差し出して和睦となる。

この戦いの終結で、秀吉は織田政権最高の地位から自らの豊臣政権の主として日本国に君臨することとなった。

天正十三年には朝廷から関白の宣下を受け、翌年には豊臣の姓を賜り、太政大臣に就任、武家のみでなく秀吉は公家《くげ》の世界でも頂点を極める。

そして長宗我部元親によって統一しかけた四国を十万の大軍で平定、元親を土佐一国に押し込めると、大友氏救援を理由に九州に出兵、島津氏を攻略し九州を平定する。九州を平《たいら》げたあと、秀吉は京都の北野天満宮において、千利休、津田宗及、今井宗久らを茶頭として大茶会を開催。秀吉の世となったことを世間に印象づけた。

さらに天正十五年、平安京大内裏あとに朝臣豊臣氏の本邸を構え、聚楽第《じゅらくてい》と名付け、翌年には後陽成天皇を迎え、誰の眼にも秀吉は日本の国王の地位に昇ったことを認識させた。

天正十八年には全国平定の総仕上げとして、小田原攻めを開始。二十万という大軍で小田原城を包囲すると、三ケ月の籠城の末、天下の名城小田原城も落ち、北条氏は滅亡。ようやく戦国の世は終った。秀吉は関白の地位を甥の秀次に譲り、自らは太閤と呼ばれるようになる。

そして、秀吉晩年の愚挙といわれる「唐入り」、つまり文禄・慶長の役を決行。文禄元年（１５９２）、宇喜多秀家を指揮官とする十六万の大軍を朝鮮に出兵。初戦は日本軍の快進撃が続いたが、明の援軍が到着すると戦況は膠着状態となり、翌年に明との講和交渉が開始されるが決裂してしまう。

慶長二年（１５９７）、秀吉は作戦目標を変更して、再び小早川秀秋率いる十四万の軍を朝鮮へ派遣。異国の地で苦戦しながら日本軍は蔚山《うるさん》城の戦いで明・朝鮮軍を大破。勢づいた秀吉は、慶長四年には再出兵による大規模な攻勢を計画するが、その前年の八月、波瀾万丈の六十一年の生涯を終える。

豊臣家の家督は、織田信長の妹お市の長女で秀吉の側室茶々の生んだ秀頼が継ぎ、五大老、五奉行の合意で朝鮮からの撤兵が決定され、全軍が朝鮮半島から撤退した。

そして、主《あるじ》を失った豊臣政権内では、疲労困憊《こんぱい》で朝鮮から帰国した加藤清正ら西国大名たちと、石田三成ら国内にいて指揮していた五奉行たちの対立が激化する。それをうまく利用した五大老筆頭の徳川家康が動き出し、次の天下人への布石を次々と打ち込んで行った。そして日本を二つに分けた関ケ原の戦いへと発展して行くのである。

池田恒興

いけだ つねおき

1536〜1584

尾張織田家の重臣で、本能寺の変で急死した織田家の後継を決める清洲会議に、柴田勝家、羽柴秀吉、丹羽長秀とともに出席したひとりである。

天文五年（１５３６）、池田恒利の子として生まれる。通称は勝三郎、晩年に出家し勝入と号した。母は養徳院。父の恒利は早くに死去し、母の養徳院は織田信長の乳母《うば》であり、のちに信長の父信秀の側室となった。

小さい頃から小姓として信長に仕え、行動をともにする。桶狭間の戦いで武名を挙げ、元亀元年（１５７０）の浅井・朝倉軍との姉川の戦いでは獅子奮迅の活躍をし、家中随一の猛将といわれ、その功により犬山城を与えられた。以降も長島一向一揆征伐、比叡山焼き打ちなどでも活躍する。

さらに恒興が名を挙げるのは花隈城の戦いである。信長から謀反の疑いをかけられ、有岡城、続いて尼崎城を追われた荒木村重が「最後の砦」として逃げこんだのが花隈城だった。

追撃してきた恒興と嫡男の元助、そして次男の輝政は花隈城を囲むように陣取った。

天正八年（１５８０）の第一回の戦いは乱戦になったが、勝敗はつかず両軍兵を引いた。四ケ月後の第二回の戦闘では、大手門周辺で、池田輝政軍が仕掛け、これに父や兄の軍も加わり、池田勢の圧倒的勢力を前に、ついに花隈城は落ち、村重は毛利を頼って逃げ、池田方の大勝利となった。

その功により花隈城は、恒興に与えられるが、恒興が新たに兵庫城を築城したため、花隈城は廃城になり、現在は公園となって市民の憩いの場となっている。

天正十年の本能寺の変で信長が明智光秀に討たれると、恒興は中国大返しで京に引き返してきた羽柴秀吉軍に合流。光秀との山崎の戦いで、五千の兵を率い、右翼先鋒に陣をかまえて光秀軍を撃破。その活躍で恒興は織田家の宿老たちと肩を並べる地位にまで上りつめる。

清洲会議では秀吉、丹羽長秀とともに信長の嫡孫三法師（のちの織田秀信）を擁して柴田勝家に対抗した。

そして、勝家との賤ケ岳の戦いで秀吉が勝利すると、美濃で十三万石を拝領

し、大垣城主となった。
そして天正十二年、家康と秀吉との小牧・長久手の戦いが始まるが、去就を注目された恒興は秀吉方として参戦、これが恒興最後の戦いとなった。犬山城を落としたあと、家康の本拠三河に入ろうとするが、鞍に銃弾を受けて落馬、敵兵の槍を受けて戦死。享年四十九。

この戦いで、長男の元助、そして娘婿の森長可もともに討ち死にしてしまう。遺体は遠江の新居に葬られたが、のち改葬されて京の妙心寺の慈雲院に移された。

戦いが始まる前、恒興は秀吉から勝利の暁には尾張一国を与えると約束されていたという。

惜しい死であったが、家督を継いだ次男の輝政は、その後、家康から播磨五十二万石を与えられ、姫路城に入った。

豊臣方の大坂城と西国の外様大名を監視し、防波堤とする役割だった。

輝政はさっそく姫路城を大改修し、天下の名城といわれる姿にする。白鷺城と別名されるこの城は明治になっても現存し、国宝となり、そして世界遺産となったことは、ご存知の通りである。

安国寺恵瓊

あんこくじえけい

1537～1600

戦国時代には珍らしい外交僧で毛利家に仕えた。上杉謙信や武田信玄のように出家して法号を名のる例は多くあるが、僧でありながら武将でもあり、しかも大名にまで上りつめたのは安国寺恵瓊だけではないだろうか。

恵瓊といえば、「信長の代、五年か三年は持つが、そのあと高ころびに、あおむけに転ばれ、藤吉郎はさりとてはの者」と、信長の死と秀吉の出世を予言したことで知られる。結果的にはそれが的中したわけだが、そのせいかどうか、後年、秀吉より領地を与えられ、大名となっている。

天文六年（１５３７）に毛利元就に滅ぼされた安芸武田氏の一族、武田信重を父として生まれたといわれるが、信重の父である伴繁清が父との説もある。武田氏滅亡の際、家臣に守られて脱出、安芸の安国寺に入って出家した。つまり安国寺は寺の名であって、そこの住持を務めたからそう呼ばれた。臨済宗の僧としての名のりは瑶《よう》甫《ほ》恵瓊である。

安国寺とは、遠く奈良時代の聖武天皇の国分寺《こくぶんじ》に倣《なら》って、足利尊氏《たかうじ》が、国ごとに一寺一塔を建てることを計画した際の寺の名で各地にあった。

十一歳の時に上洛して東福寺に入り竺雲恵心《じくうんえしん》の弟子となる。恵心が毛利隆元と親交があったため、恵瓊も早くから毛利家と関係を持ち、天正二年（１５７４）、安芸安国寺の住持となっている。僧としてはそのほか京都の東福寺、南禅寺など名刹の住持にもなっていて、さらに建仁寺の再興にも力を尽くすなど、いわば名僧と言っていい。

一方、永禄十一年（１５６８）の豊後《ぶんご》の大友氏との合戦には、恵瓊は武将として従軍もしている。しかしやはり恵瓊の本領は外交であって、毛利氏の外交担当として、室町将軍家をはじめ各大名たちの和議の斡旋などでは大いに活躍した。

天正元年（１５７３）、信長によって京を追放された将軍義昭の帰京を要請する使者として、羽柴秀吉らが訪れた際も、毛利氏の使者として恵瓊も参加している。

そして、恵瓊の何よりの功績は、毛利氏が備中高松城で秀吉と対陣していた時、本能寺の変により急遽、京にとって返す秀吉を追撃しないよう毛利方の吉

川元春らを利を説いて納得させ、その後、天正十三年、正式に秀吉に臣従させせる交渉をなしとげたことだろう。

この功により恵瓊は秀吉から、四国征伐のあと、伊予（愛媛県）で二万三千石を与えられ、さらに翌十四年の九州征伐後には六万石を加増され、僧でありながら大名という異例の出世を成し遂げた。

天下人となった秀吉の晩年、朝鮮出兵では小早川隆景率いる六番隊として渡海、全羅道攻略で活躍し、隆景が大老のひとりとなると、秀吉と隆景との間を連絡する役を担うが、「毛利の両川」のもう一方、吉川元春の後を継いだ広家とは対立。

やがて秀吉の死後、家康と三成の対立が決定的となり、関ケ原の戦いとなるが、恵瓊は石田三成と通じて西軍に与し、得意の弁説で、毛利家の当主輝元を口説《くど》き、西軍の総大将に担ぎ出すことに成功。しかし輝元は大坂城から動かず、戦《いくさ》はあっけなく東軍の勝利で終わった。

いったんは毛利本陣に逃げこんだ恵瓊は、吉川広家に諭《さと》され逃亡。京都に潜んでいた所を捕縛され、六条河原で斬首された。享年六十四。所詮、舌先三寸で生きた一生だった。

前田利家

まえだ としいえ

1538〜1599

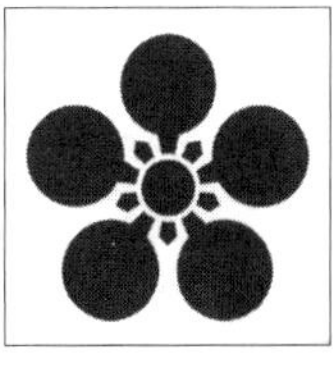

江戸時代の諸大名のうち、最大の大名である加賀百万石前田家の初代であり、天下人となった豊臣秀吉の若き日からの盟友である。

天文七年（１５３８）、尾張の海東郡荒子村（名古屋市中川区）の荒子城主前田利春の四男として生まれる。幼名は犬千代。通称は又左衛門あるいは孫四郎。晩年は加賀大納言と呼ばれた。妻はまつ（芳春院）。

天文二十年、織田信長に小姓として仕える。日頃から派手な作りの槍を持ち歩くかぶき者として知られ、「槍の又左」と恐れられたという。

二十二歳の時、信長の寵愛をうけていた同朋衆《どうぼうしゅう》の拾阿弥《じゅうあみ》と争いを起こし、持ち前の短気な性格の利家は拾阿弥を斬殺、そのまま遁走してしまう。利家の死罪は免れまいと誰もが思ったが、利家を可愛がっていた柴田勝家が中に入り、利家の処分は追放と決まる。

血気にはやる利家は、戦功をあげれば帰参が許されると思い、今川義元との

桶狭間の戦いや斉藤龍興との森部の戦いに、勝手に参加、多くの首を取ると、さすがの信長も利家を許し、二年後に復帰、本隊と前線との連絡将校にあたる赤母衣《あかほろ》衆に抜擢された。

永禄十二年（１５６９）、病弱で実子のなかった兄利久に代わり、信長の命により前田の家督を継ぎ荒子城主となる。そして姉川の戦いでは、長さ六メートル以上の槍を振るい大活躍、信長から「天下一の槍」と絶賛され、槍の又左の名は織田家中に轟きわたった。

浅井・朝倉討伐、さらに能登侵攻の功により天正九年（１５８１）、利家は能登（石川県北部）一国を与えられ、七尾城主となる。

翌年の本能寺の変のあと、織田氏の後継をめぐり、柴田勝家と羽柴秀吉が対立、やがて戦となると利家は与力として仕えたいきさつから最初は勝家側に就く。

しかし若き日から家族ぐるみのつきあいの秀吉に早々と降伏し、先陣を務めて勝家を破り加賀に侵攻、平定した。

この功により利家は能登のほか加賀（石川県南部）を与えられ、金沢城を本拠とする。さらに秀吉と家康との間で小牧・長久手の戦いが始まると、家康に

加担した越中富山の佐々成政を攻撃、大勝。続いて秀吉が十万の大軍を率いてやってくると、利家はその先導役を買って出、成政は戦わずして降伏した。

そして、その戦功により利家はさらに越中（富山県）を与えられ、加賀、越中、能登にわたる加賀百万石の原型が出来上った。

天下を統一した秀吉は、自身の政権を担う五大老、五奉行制度を作るが、盟友利家は徳川家康に次ぎ、五大老のナンバー2となり、秀吉のよき相談相手となった。

秀吉の没後は、遺言により遺児秀頼の後見役となり、次を狙う徳川家康に対して楯となるが、豊臣家は、石田三成を中心とする文治派と朝鮮から帰国した加藤清正らの武断派が対立、武断派のうしろには天下を狙う家康がいて、世の中は混沌となっていった。

両派の仲介者として利家は諸侯から全幅の信頼を寄せられるが、病《やまい》の身にさらに心労が重なり、六十二歳で没してしまう。秀吉が亡くなってからわずか七カ月のことである。

そのあとに日本が二つにわれて天下分け目の関ケ原の戦いが起こるなど、知る由《よし》もなかった。

鍋島直茂

なべしま なおしげ

1538〜1618

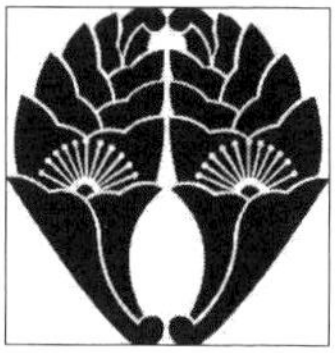

龍造寺家の家老から主君龍造寺隆信の死後、領土を引き継ぎ、肥前（佐賀県）を版図とする佐賀藩の初代藩主である。

天文七年（１５３８）、肥前佐嘉郡の国人鍋島清房の次男として生まれた。母は龍造寺家純の娘華渓。龍造寺の当主の家兼の死後、隆信が龍造寺家を継ぐと、隆信の生母である慶誾尼が直茂の父清房に再嫁したため、直茂と隆信は義兄弟となった。直茂は隆信より九歳下だった。

龍造寺家にとって、鍋島清房が、そして直茂が、いかに頼り甲斐のある人物であったかがよくわかる。

直茂もまたその要望に応えて隆信の片腕として十分の働きをした。龍造寺家が短期間に北九州のほとんどを平定出来たのも直茂あってのことといってもいい。

天正三年（１５７５）、少弐氏を滅亡に追い込み、同六年には有馬氏、大村

氏を屈服させたのもすべて直茂の功績だった。隆信が隠居して政家が後を継ぐと、直茂は政家の後見人を任される。

そして天正九年、筑後柳川城主の蒲池氏を謀殺すると、直茂は柳川城に入って筑後を治めることとなった。奢り高ぶってきた隆信をたびたび諫言する直茂は遠ざけられたのだ。

天正十二年、北上して来た島津氏との沖田畷《なわて》の戦いで、龍造寺軍は敗れ、隆信は戦死する。

ともに戦って龍造寺の勢力を広げて来た隆信の死に、直茂は落胆のあまり自害しようとするが、家臣たちに止められて肥前に退いた。

島津の北上に脅威を抱いた直茂は、早くから中央で勢力を拡大している豊臣秀吉と誼《よしみ》を通じていた。九州征伐を促していたのである。

さらに大友氏からの救援要請もあり、ついに秀吉は弟の秀長率いる十万の大軍をもって九州へ侵攻して来る。龍造寺勢は先陣を担って活躍し、島津氏を屈服させた。

これら島津征伐での直茂の活躍を秀吉は高く評価し、政家に代わって国政を担うよう命じた。龍造寺家の筆頭家老だった直茂は、一滴の血を流すこともな

く主家にとって変ったのである。

　直茂以外の十名の龍造寺家の重臣たちからも、直茂に危害を加えることがあったら自分たちは龍造寺家から退散するという誓紙が政家に届いたというから、直茂の人気、能力は群を抜いていたのだろう。朝鮮出兵にも直茂は龍造寺軍団を率いて日本軍二番隊として参陣、前後七年間も部下と寝食をともにしたため、家臣と直茂との絆は一層固くなった。

　慶長五年の関ケ原の戦いでは、嫡男の勝茂が西軍に参加するが、直茂は東軍が勝利と読んで、戦闘開始前に戦線から離脱させ、自らは九州にあって西軍諸将の久留米城、柳川城を攻め降伏開城させている。その働きで佐賀三十五万七千石は安堵された。

　政家の隠居で後を継いだ龍造寺高房は幕府に対して佐賀藩における龍造寺氏の実権回復をはたらきかけるが、幕府の方針は龍造寺氏から鍋島直茂・勝茂への禅譲に変わらなかった。ただ直茂は龍造寺氏への遠慮もあって藩主に就くことはせず、勝茂を初代藩主とし、自らは藩祖と呼ばせた。

　元和四年（１６１８）、直茂は八十一歳で病没するが、耳の腫瘍に苦しんだといわれ、高房の怨念のしわざと噂されたという。

北条氏政

ほうじょう うじまさ

1538～1590

小田原北条家四代の当主。正室は武田信玄の娘黄梅院である。自らの力を過信し、天下を統一した豊臣秀吉に反抗、天正十八年（１５９０）、二十万余の大軍で小田原城を包囲される。籠城すること三ヶ月、関東各地の支城を攻略され、小田原に孤立した氏政と嫡男氏直はついに開城。氏政は弟氏照とともに切腹、早雲から氏直まで続いた関東の覇者北条氏は五代にして滅んだ。

氏政は天文七年（１５３８）、北条氏康の次男として誕生、兄新九郎が夭折したため世子となり氏政を名のる。

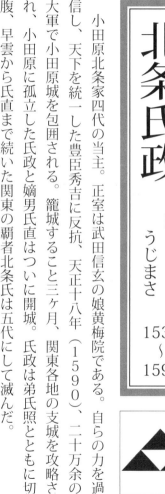

氏政には二度汁かけの有名な逸話が残っている。食事の際に、一度飯にかけた汁が少なかったのでもう一度汁をかけ足した。これを見た父の氏康が「毎日食べている飯なのに、汁の量も分からんとは愚かなことよ。これで北条家も終わりか」と嘆いたという。

事実その通り、北条氏は滅亡してしまうのだが、世に言われるように氏政は

凡庸《ぼんよう》だったのだろうか。世の流れを読めず、秀吉の能力を過小評価し、さらに自分の背後には同盟を結んでいる徳川家康と伊達政宗がいるという過信が、北条氏滅亡を招いたわけだが、父氏康の遺言通り武田と同盟を結び、上杉と対陣して互角に戦い、天正十三年頃の北条氏の領国は、相模、伊豆を本拠として武蔵、下総、上総、上野《こうづけ》から常陸《ひたち》、下野《しもつけ》、駿河の一部に及ぶ二百四十万石に達し、氏政の代で北条氏最大の版図を築き上げたこととなる。決して愚物ではなかったと言っていい。

父氏康が存命中は、父とともに上杉謙信との小田原城の戦い、里見義堯・義弘父子との第二次国府台合戦、三船山の戦いなど、関東の諸氏相手に数々の戦陣をくぐり抜けてきた。

元亀二年（１５７１）、父が病没すると、氏政はその遺言に従い、武田信玄との同盟を復活、翌年の信玄の上洛の際には二千余の兵士を武田軍に送り、徳川家康との三方ヶ原の戦いに大いに戦功をあげている。

そして謙信との戦いが再び始まるが、当時謙信の関心は越中《えっちゅう》、能登に向いていて、北条との大決戦には至らなかった。

天正六年、謙信が急死すると、跡目をめぐって甥景勝と養子の氏政の弟景虎

の間で戦闘が起こる。御館《おたて》の乱である。

氏政は弟景虎を助けるため弟の氏照らを越後に派遣、自らも上野の厩橋《うまやばし》（前橋市）まで出陣。

しかし戦いは景勝側の勝利に終わり、景虎が自害する。そして天正三年、長篠の戦いで織田・徳川軍に大敗した武田氏は同十年、天目山の戦いで武田勝頼が自刃し、甲斐の名門武田家も滅亡する。

さらに同年、本能寺の変で織田信長が明智光秀に討たれるという大事件が起き、さらに時代は大きく動いていく。

逆賊明智を敗った豊臣秀吉は、織田の重臣たちを懐柔し、天下統一へと歩を進めた。四国一円を切り取る勢いの長宗我部氏を臣従させ、九州で島津氏を敗った秀吉はいよいよ小田原征伐へと乗り出す。

幾度となく秀吉は氏政に上洛し臣従することを勧めるが、実行しない氏政の姿勢に業を煮やした秀吉は、ついに天正十七年十二月、諸大名に北条追討の陣触れを発した。

そして翌十八年七月、二十二万を数える秀吉軍の前に、衆寡《しゅうか》敵せず、ついに小田原城は落ちる。北条氏政は切腹、享年五十三であった。

豊臣秀長

とよとみ　ひでなが

1540～1591

太閤豊臣秀吉の異父弟あるいは同父弟という説もあるが、兄と違って温厚であり、秀吉をよく助け、秀吉の偉業達成に尽力した。

短期間で天下を治めた秀吉には、部下に先代からの宿老もなく、外には徳川家康、伊達政宗などという大物の外様大名を相手にしなければならなかった時代で、よく彼らとの調整役を務め、諸大名から大和《やまと》大納言《だいなごん》と尊敬を集めた貴重な人物である。

天文九年（１５４０）、竹阿弥の子として尾張の愛知郡中村（名古屋市中村区）に生まれる。幼名は小竹《こちく》、その後、小一郎と改称し、兄秀吉に仕官した時は、木下小一郎長秀と名のる。名の由来は信長と秀吉から一字ずつをもらったという。

その長秀が秀長となったのには面白い挿話《そうわ》がある。ずっと時代は下って、天正十二年（１５８４）、家康との小牧・長久手の戦いが終わり、信長の後継者

として秀吉の天下が揺るぎないものとなったため、改名したという。つまり信長を上に、秀吉を下にしていたのを、秀吉が天下人となったため、秀を上にして、上下ひっくり返したのである。

斉藤龍興との戦いでは、秀吉にかわって留守居役を努めたり、秀吉が長浜城主となると城代を務めたり、つねに秀吉の良き補佐役となる。

とくに、信長の在世中は、浅井・朝倉攻め、長島一向一揆討伐、三木合戦、鳥取城の戦いから、天正十年の本能寺の変の時の備中高松城の水攻めまで、つねに秀吉の側にいた。

天正十一年の賤ケ岳の戦いの功により、秀長は播磨・但馬（ともに兵庫県）の二ケ国を拝領し、姫路城を居城にする。そして翌年の小牧・長久手の戦いでの講和交渉には秀吉の名代を果たしている。

四国の長宗我部元親討伐には、病気の秀吉のかわりに総大将として十万の大軍を率いて進軍するが、長宗我部の激しい抵抗を受けて苦戦、秀吉からの援軍の申し出もあったが、断って奮闘し、ようやく降す。

秀吉からその功を賞でて、播磨・但馬二ケ国に大和（奈良県）を加増されて、百十六万石となり郡山城に入った。

内政面でも辣腕を振るった秀長は、寺社勢力の強かった大和を見事に収め切った。検地など多くの政策を実施し、領民からも慕われ、朝廷から従二位大納言の官位を賜り、以降、大和大納言と尊称される。

天正十四年、九州の島津氏に攻められた大友宗麟が救援を求めて上洛してくる。秀吉は宗麟をもてなした上、「私的なことは千利休に、公《おおやけ》のことは秀長に頼むがよい」といったという。

いかに秀長が政治面でも秀吉から信頼されていたかがよくわかる。

そして翌十五年、島津を征伐し、九州を平定するため、秀吉とともに、秀長は日向《ひうが》方面の総大将として出陣する。

援軍に駆けつけた島津義弘に夜襲を仕掛けられるが、藤堂高虎らが奮戦し、島津軍は薩摩に撤退、島津家久との間で講和が結ばれた。

天正十九年、秀長は郡山城内で病死。まだ五十二歳の若さであった。

歴史に「イフ」は禁物だが、ほぼ家康と同年齢だった秀長が、ずっと長生きしていたら、歴史は変ったに違いない。

秀吉亡きあと、諸大名に慕われた秀長が、豊臣家を支えたなら、徳川の時代はなかったかも知れない。

黒田官兵衛

くろだ かんべえ

1546〜1604

豊臣秀吉の軍師として、秀吉の天下取りを助け、竹中半兵衛とともに「両兵衛」と並び称された。黒田家は、近江（滋賀県）の伊香郡黒田村（長浜市木之本町）がルーツとされるが定かではない。官兵衛は天文十五年（１５４６）黒田職隆の嫡男として播磨（兵庫県）の姫路城で生まれた。幼名は万吉。名は孝《よし》高《たか》、官兵衛は通称である。剃髪して如水と号した。

祖父の重隆の代に備前（岡山県）から播磨に入り、守護赤松氏の重臣で御着城主小寺則職・政職父子に仕えた。小寺氏は黒田氏を厚遇し、天文十四年には重隆を家老とし姫路城代に任じて小寺の姓も与えたほどだ。官兵衛も永禄四年（１５６１）に小寺政職の近習となる。永禄十年に父から家督を継ぎ、小寺政職の姪を妻に迎え、姫路城代に就いた。

当時、播磨は小豪族たちが群雄割拠し、戦いと同盟を繰り返していたが、やがてほとんどが毛利方に組み入れられるようになっていった。

　しかし官兵衛だけは、長篠の戦いで武田勝頼を破った織田信長を高く評価し、主君小寺政職に織田への臣従を進言し、自らも天正三年（１５７５）、羽柴秀吉の取次によって岐阜城で初めて信長に謁見した。のち長男の松寿丸（のちの黒田長政）を臣従のための人質として信長のもとへ送る。主君の政職の嫡子氏職が病弱だったため、代わりに送ったという。松寿丸は秀吉が預った。

　信長は信貴山《しぎさん》城の松永久秀を討伐すると秀吉に播磨進駐を命じる。官兵衛は姫路城本丸を秀吉に提供し、自らは二の丸に住み、以後、秀吉の参謀として活躍するようになった。

　天正六年、官兵衛は宇喜多直家の調略に成功するが、別所長治に続いて有岡城の荒木村重が謀反。官兵衛は旧知の村重を翻意させるために乗り込むが、逆に土牢に幽閉されてしまう。

　官兵衛が村重側に就いたと怒った信長は、秀吉に預っている嫡子松寿丸の殺害を命ずるが、官兵衛を信頼していた竹中半兵衛は、殺したと信長に報告して、秘かに松寿丸を匿った。

　半兵衛は官兵衛が救出される前に陣没してしまったが、官兵衛はこの恩を終生忘れず、遺族の面倒を見たという。

天正八年、二年間かけた別所長治の三木城が落ちると、加担した官兵衛の主君小寺氏も滅亡。これ以降、官兵衛は黒田の姓に戻る。

そして天正十年、秀吉に従って清水宗治の備中高松城を攻めている時に、本能寺の変で信長が急死という報が届く。動転して泣き叫ぶ秀吉に、官兵衛は「いまこそ天下を狙え」と献策。秀吉は急遽、毛利氏と和睦すると中国大返しによって京都に戻る。

九州平定も終わった天正十五年、官兵衛は豊前（大分県）六郡十二万石を拝領し、中津城の築城を始める。そして、二年後に家督を嫡男長政に譲り、第一線を退く。

秀吉の没後、関ケ原の戦いでは長政が家康側で活躍し、その功で福岡五十二万石の大封を獲得した。

官兵衛は中津城にあって蓄えてあった金銭をすべて百姓たちに与え、彼らを中心に九千人の速成軍を作り、九州の西軍の将たちの居城をまたたくうちに落とし、相変らずの智謀を世間に印象づけた。

「関ケ原が一日ではなく一ケ月続いてくれたら自分が間違いなく天下を取れた」と語ったという。

山内一豊

やまのうち かずとよ

1546～1605

土佐《とさ》（高知県）山内家の初代藩主山内一豊は、嫁入りの持参金で夫のために名馬を買った、いわゆる賢妻の鏡として有名な妻千代との夫婦愛で知られる。「内助の功」として有名なこの逸話は太平洋戦争以前の日本の教科書にも採り上げられ、女性のあるべき姿として紹介された。また妻の千代の名にちなんで、千代紙が出来たともいわれているが定かではない。

そもそも山内家のルーツもはっきりしない。藤原秀郷の子孫である首藤山内氏の末裔とも会津の芦名氏に仕えていたともいわれ、これらはすべて伝承だが、一豊の父盛豊については、尾張上四郡を支配した岩倉織田家に家老として仕えていたことは間違いない。

天文十四年（１５４５）、この盛豊の三男として一豊は尾張岩倉（愛知県岩倉市）で生まれた。通称は伊右衛門、幼名は辰之介。母は法秀尼。

しかし岩倉織田氏は同族の信長と敵対、永禄二年（１５５９）、岩倉城は落

城し、父の盛豊は討死、兄もその二年前に亡くなっていて、主家と当主を一度に失った山内一族は離散し、諸国を流浪せざるを得なくなった。

その後、一豊は苅谷賀城（一宮市）の浅井新八郎をはじめ四人の武将に仕えたあと、永禄十一年頃から織田信長の配下となり、木下藤吉郎（豊臣秀吉）の家人となる。

元亀元年（１５７０）の姉川の戦いで初陣、続く朝倉氏との刀禰坂の戦いで頬に矢が刺さりながらも奮戦、見事に敵将三段崎勘右ェ門を打ち取った。刺さった矢を抜いた郎党の五藤為浄の子孫はこの矢を家宝とし、現在は高知県安芸市の歴史民俗資料館に保存されている。一豊はこの功により近江の浅井郡（長浜市）に四百石を与えられた。「山内一豊の妻」として後世、高名となった見性院（千代）との婚儀もこの時期である。

そして、天正九年（１５８１）、信長の京都馬揃えの際に、妻が買ってくれた良馬にまたがり、面白を施したと伝わる。

長宗我部相手の四国征伐の終ったあと、羽柴秀次が大幅に加増となると、田中吉政、堀尾吉晴らとともにその宿老のひとりとなり長浜二万石を領した。さらに秀次が加増されると、一豊も遠江掛川五万一千石の所領を得る。

しかしその秀次が文禄四年（１５９５）、謀反の疑いで処刑されると一豊は秀次を取り調べる側になったが、逆にその遺領から八千石を加増される。やはり一豊はツイている男なのだろう。

秀吉の死後には徳川家康に就き、やがて石田三成が上方で挙兵すると、会津の上杉討伐のため下野《しもつけ》(栃木県)小山に集った諸将が、その去就に迷った際、まっ先に家康側に自分の居城掛川城を提供すると発言する。

その一言《ひとこと》によって豊臣恩顧の武将達も家康側に就いたと言われる。

さらに妻千代から豊臣方の動向を知らせる密書が届くと家康に提出。家康は千代の気転を諸将に知らせ、称讃したという。

そして関ケ原で、さしたる活躍もなかった一豊だったが、この小山会議の功績によって、戦後土佐で九万八千石が与えられ、後に加増し、一豊は二十万石の国持大名となった。

そして、長宗我部氏の遺臣たちからの反発を苦労して片づけ、高知城を築城するが、慶長十年（１６０５）病死。六十一歳であった。

以降、一豊の土佐藩は明治まで続き、維新の際には薩長とともに倒幕の一翼を担い、坂本龍馬、中岡慎太郎、岩崎弥太郎など多くの逸材を輩出した。

武田《たけだ》勝頼《かつより》

1546～1582

甲斐（山梨県）の名門武田家の第二十代当主。天文十五年（１５４６）、信玄の四男として生まれる。通称は四郎。母は信玄に滅ぼされた諏訪頼重の娘の諏訪御寮人。「頼」は諏訪氏の通字（代々にわたって用いられる字）であり、「勝」は信玄の幼名勝千代に由来する。

源氏の嫡流武田氏を滅亡させた当主のため、とくに神格化された信玄との対比で、暗愚と評価されていたが、近年では新府城の発掘調査を契機として、勝頼の領国経営や外交政策も多方面から研究され、文武に秀でた悲劇の武将と再評価されてもいる。事実、同時代の上杉謙信や織田信長らの書状を見ても、彼らが勝頼を武勇に優れた将として認識していたことがよくわかる。

武田家を滅ぼし、天目山で勝頼の首級と対面した信長は「日本に隠れもなき弓取りなれども、運がつきさせ給いてかくならせ給う」と漏らしたという（『三河物語』）。

天文十年（１５４１）、父信虎を追放し、家督を相続した信玄は、翌十一年、父の時代には同盟関係にあった諏訪侵略を開始、諏訪頼重ら一族は滅亡する。信玄は美貌の誉《ほまれ》高かった頼重の娘を居城である躑躅《つつじ》ケ《が》崎《さき》館に迎えて側室とする。これには家中の猛反対があったが、軍師山本勘助の「甲斐と諏訪の融合こそ大事」の一言《ひとこと》が大きく効いたという。そして勝頼が誕生する。

この間の経緯は江戸時代に書かれた『甲陽軍鑑』に詳細にわたって記されていて、他の資料には見られないため、かなり創作の部分があるのだろうが、一般に定着してしまった。

長じて勝頼は諏訪氏を継ぎ高遠城主となる。さらに永禄八年（１５６５）、信玄の嫡男義信が信玄暗殺の疑いで廃嫡されると、次兄は盲目のため出家、三兄は夭折していて、勝頼が信玄から後継者として指名される。

元亀三年（１５７２）、信玄は京に上って天下に号命するため、西上作戦を開始するが、その途中の翌四年、陣中でたびたび喀血を繰り返し、ついに信濃駒場で病没してしまう。

領国の拡大を目指した父信玄の志を継ぎ、天正二年（１５７４）、勝頼は織田領に侵入し明知城を落とし、さらに信玄の落とせなかった高天神城を降し、

東遠江《とうとうみ》をほぼ平定する。

翌三年には三河へ侵入し、徳川方の奥平信昌が籠《こも》る長篠城への攻撃を開始する。武田氏滅亡のきっかけとなる長篠の戦いである。

織田・徳川連合軍の鉄砲隊の前に騎馬隊の武田軍は総崩れとなり、馬場信春、山県昌景、原昌胤など名だたる武将が討たれてしまう。武田軍の死傷者は一万人を超えたともいわれた。

長篠の戦いに敗れた後、勝頼は再起を期して、上杉氏、北条氏との同盟を強化し、天正九年には、躑躅ケ崎館を出て新府城（韮崎市）築城に着手するが、多数の武将を失い、さらに一族の穴山梅雪の織田方への内応もあり、武田氏にはもはや昔日の勢いはなくなっていった。

そして同十年、織田が伊那から、北条が関東から、徳川が駿河から、それぞれ武田領への侵攻を始める。さらに浅間山の大噴火もあって、武田は組織的な抵抗は出来ない状態になった。

完成間近い新府城に火を放った勝頼一行は武田氏ゆかりの天目山棲雲寺を目指す。しかしその途上、追っ手に捕捉され、勝頼は嫡男、夫人とともに命を絶つ。わずか三十七の若さであった。

真田昌幸

さなだ まさゆき

1547〜1611

戦国の世を、おのれの知略だけを頼りに生き抜いた信濃の謀将。天文十六年（１５４７）、これも智将の誉《ほまれ》高かった真田幸隆の三男として生まれたが、兄二人が長篠の戦いで戦死したため急拠、真田家を継いだ。

しかし、天正十年（１５８２）、信玄の後を継いだ勝頼の死により武田氏は滅亡。昌幸は織田信長に仕えるが、その信長も二ヶ月後、本能寺の変により横死、昌幸はまたしても主を失う羽目になってしまう。

その後、旧武田領を狙う徳川、上杉、北条の間を昌幸は状況に応じて渡り歩かなければならなかった。いい意味に解釈すれば真田のような地方の小豪族は、そのように先見性をもって次々と勢いのある方に就かなければ、生き延びられなかったといえるが、一方、節操なく信義もない生き方と非難されても仕方がない。

ともあれ、知恵ひとつで乱世を乗り切った昌幸はようやく家康のもとに落ち

着くこととなった。天正十一年、千曲川領域を抑えるため、自然を要害とした松尾城（のちの上田城）を築く。しかしそれもつかの間、またしても家康に背くこととなる。

翌年、小牧・長久手の戦いで秀吉と戦った家康は九ヶ月後に和議を結び、北条氏直とも和議を結んだが、北条との和議の条件に真田領の沼田を北条に引き渡す、という一項があった。翌年、履行を迫られた家康は、昌幸に引き渡すように求めたが、昌幸は激怒し、拒絶する。

家康との手切れを決断した昌幸は、徳川の侵攻に備え、再び上杉と結ぶ。次男の幸村を人質として上杉に差し出し、援軍を頼んだ。

怒った家康は七千の兵を上田城攻略に向かわせる。こうして第一次上田合戦が始まった。昌幸は巧妙な作戦で、徳川方を翻弄《ほんろう》し、徳川軍に二千人もの死傷者を出させるという大勝利を収める。

そしてこの勝利によって、真田は武田の旧臣から信濃の独立大名として世間に認知されるようになった。

その年の冬、またも機略によって上杉から幸村を奪い返した昌幸は今度は幸村を秀吉に差し出し、豊臣家に臣従する。

そして、策士としての昌幸の面目躍如となるのが関ケ原の戦いである。秀吉が死ぬと、五大老のひとり家康の横暴が始まり、これに対抗する五奉行の石田三成が挙兵。日本中を東西に分けた大戦《おおいくさ》が始まった。

昌幸は長男の信之と次男幸村を呼び、熟考を重ねた上、自分と幸村は西軍・豊臣方に就き、信之は東軍・徳川方に味方する、ということとなった。つまりどちらが勝っても真田家は生き残れるという苦渋の決断だった。

この会見の地が栃木の佐野郊外の犬伏であったため、「犬伏の別れ」として世に知られる。

上田城に籠った昌幸・幸村父子は三万八千の徳川秀忠の大軍を迎え撃つ（第二次上田合戦）。真田勢の抵抗に苦戦した秀忠軍は、そのため関ケ原に到着した時はすでに戦いは終わっていた。

敗れた昌幸・幸村父子は家康から上田領没収と死罪を申し付けられるが、長男の助命嘆願によって高野山配流《はいる》となる。そして昌幸はふもとの九度山で失意のうち六十五年の生涯を終わった。

長男の真田信之の信濃松代藩は、昌幸の想定通り生き残って、明治維新まで続く。

毛利輝元

もうり てるもと

1553〜1625

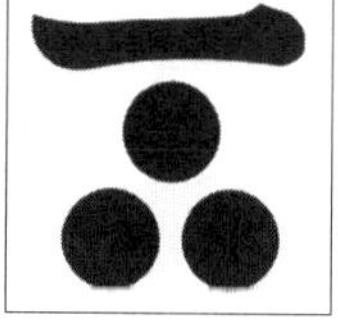

毛利隆元の嫡男であり、毛利元就の孫。父隆元が若くして亡くなったため、わずか十一歳で家督を継ぐ。そして祖父元就の死後、輝元を後見したのが毛利の両川と言われた叔父の吉川元春、小早川隆景である。

天文二十二年（１５５３）、安芸の吉田郡山城で生まれる。母の尾崎局は大内氏の重臣内藤興盛の娘で、大内義隆の養女でもあった。幼名は幸鶴《こうつる》丸。十三歳の時、室町幕府十三代将軍足利義輝より輝の一字をもらい輝元と名のり元服する。

祖父の元就は輝元を溺愛し、早く父を亡くした輝元にとっては、父に代わる存在であった。

輝元が誕生した頃、すでに毛利氏は、大内義隆を討った陶晴賢《すえはるかた》を、天文二十三年、厳島の戦いで討ち果たし、権力基盤は大いに強化されていた。残るは宿敵、尼子氏だけとなった。

永禄八年（１５６５）、輝元は尼子攻めに参加し初陣を飾る。
翌九年、尼子の月山富田城は落ち尼子義久は降伏、毛利氏にとって長年の宿敵だった尼子氏は滅亡した。

しかし永禄十二年、毛利軍が豊後の大友氏との戦いで留守の間を狙って、山中鹿之介率いる尼子の残党が蜂起、出雲に侵攻する。

毛利が滅ぼした大内の残党も加勢し、毛利側も苦戦するが、永禄十三年、毛利は大軍をもってこれらを鎮圧、翌年には尼子勢を山陰から駆逐した。

その後、鹿之介は織田信長を頼り、上月城に籠り、毛利軍と対峙する。しかし織田の救援は間に合わず、上月城は孤立無援の状態となり、ついに落城。完全に尼子氏は消えた。

この勝利によって輝元は、従来の領有地以外に但馬、播磨から豊前の一部まで領土を広げ、元就の時代をはるかに上回る巨大な領土を手に入れることとなった。

そして輝元は信長に追われて自領の鞆まで落ちのびて来た将軍義昭を庇護し、「副将軍」の呼び名まで受け、天下統一を目指す織田信長に敵対する最大の勢力となったのである。

しかし天正十年（１５８２）、備中高松城で秀吉軍と対決している時、本能寺の変が起きる。急遽、和睦を結んで引き返す秀吉軍を、あえて輝元は追撃しなかった。

元就の遺言「天下を望まず領地を守れ」を思い出したからである。

その後は、秀吉の天下統一に協力、領地も百二十万石という大大名となり、秀吉の晩年には、豊臣政権の五大老のひとりとなった。

秀吉の死後、石田三成と徳川家康の対立から天下分け目の関ケ原の戦いが起きる。三成に懇願されて輝元は西軍の総大将となる。

毛利の両川のひとり、吉川広家はこれに猛反対したといわれ、安国寺恵瓊の口車に乗せられたともいわれるが、果たして輝元の真意はどうだったのだろうか。

いずれにしても、敗軍の将となった輝元への処分はきびしく、領地は百二十万石から防長わずか三十六万石に減封されてしまう。

この処置に対する毛利方の家康への怨念が、それから二百六十余年たった明治維新の、長州藩の徳川を倒す原動力となったといわれるが、案外、真実かも知れない。

上杉景勝

うえすぎかげかつ

1555～1623

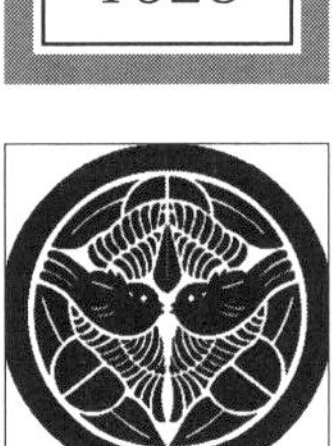

越後（新潟県）の上杉謙信の養子だったが、謙信死後の後継者争いに勝って上杉家の当主となる。豊臣政権の五大老のひとりで米沢藩の初代藩主。

弘治元年（１５５５）、越後の魚沼郡上田庄（南魚沼市）の坂戸城主長尾政景の次男として生まれる。名は顕景、通称は喜平次。母は謙信の姉の仙桃院である。

永禄二年（１５５９）、叔父謙信の養子として春日山城に入るが、その二年後、父政景が不和が続いていた宇佐美定満に野尻湖で遊泳中、刺され、二人とも溺死するという変事に見舞われる。十歳だった兄義景死去に続く悲しい知らせであった。

永禄九年の謙信の関東出兵が初陣となる。以後、景勝は上田衆を率いて活躍、謙信政権の重要な役目をこなし、ついに上杉一門衆筆頭にまで上りつめる。

天正六年（１５７８）、謙信が死去すると、北条氏から人質として出されて

いた、もうひとりの養子景虎の間で後継者争いが勃発する。

御館《おたて》の乱だが、その背景には、長年にわたる長尾家中での複雑な事情が絡んでいたといわれる。当初、春日山城下の、関東を追われ謙信を頼って落ちてきた前関東管領の上杉憲政の屋敷である御館に立てこもった景虎側が有利であった。

そして、武田勝頼が調停のため国境まで出兵して来ると景勝方はさらに窮地へ追い込まれる。しかし本丸の金蔵を占拠した景勝は、東上野《こうづけ》の割譲と黄金を条件として武田方と和睦、戦局を有利に展開し、最後は景虎の自害により勝利を収めた。

本能寺の変で織田信長が急死すると、景勝は、その後継者として台頭してきた羽柴秀吉とさっそく誼《よし》みを通じ、賤ケ岳の戦い、さらに小牧・長久手の戦いでも秀吉側として参陣。

さらに天正十四年、景勝は上洛して天下人となった秀吉と対面、臣従を誓った。

翌年には秀吉の後ろ盾を得て長年抗争状態にあった新発田《しばた》重家を討ち果たし、越後再統一を果たした。

そして、文禄四年（1595）、秀吉から五大老のひとりに任命され、豊臣政権では徳川家康、前田利家らと並ぶ重要な閣僚となった。

さらに、東北諸大名と家康の監視、牽制という目的のため、秀吉から会津百二十万石へ転封を命じられる。やがて秀吉が死去すると、その心配が現実のものとなった。

慶長五年（1600）、家康の横暴に五奉行筆頭石田三成が挙兵する。日本史上最大の合戦となる関ケ原の戦いの始まりである。

自分の命を聞かない上杉討伐のため諸将を集め会津征伐に向かっていた家康は、急拠、軍を反転し西に向かう。家康が西上するとなると、上杉軍は会津から出兵、東軍に就いた伊達政宗、最上義光の軍と戦う。

しかし、関ケ原の戦いで三成の西軍が敗れたため、上杉は家康に降伏せざるを得なかった。敗軍の将である景勝は改易は免れたものの、会津から米沢三十万石に減封となった。

かつて越後を中心に北信濃から能登まで数ヶ国の大大名上杉家は、景勝一代でわずか三十万石程度の並大名へと転落したのである。

元和九年（1623）、景勝は六十九歳で死去。米沢三十万石は幕末まで続く。

蒲生氏郷

がもう うじさと

1556～1595

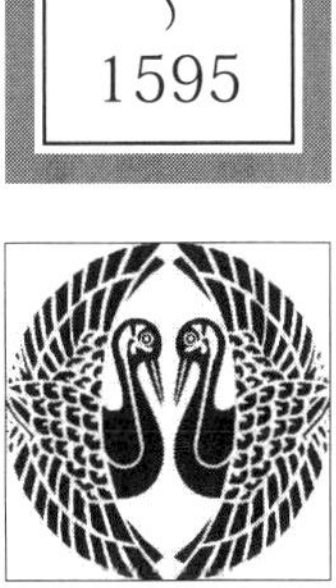

近江日野、伊勢松坂、そして黒川（会津若松）と治めた三つの領地で多くの実績を残し、名君と謳われた蒲生氏郷。内政だけではなく、秀吉をして「百万の大軍をまかせてみたい」といわしめた武将であり、さらに茶の道では利休七哲の筆頭とされた文化人でもあった。

弘治二年（１５５６）、近江の蒲生郡日野で、六角義賢《よしかた》（承禎《じょうてい》）の重臣蒲生賢秀《かたひで》の三男として生まれた。蒲生氏は藤原秀郷《ひでさと》を祖とする藤原北家の一族で、鎌倉時代からの名門であった。幼名は鶴千代。初名は賦秀《やすひで》、通称は忠三郎、洗礼名はレオン（レオ）。

永禄十一年（１５６８）、観音寺城の戦いで六角氏が滅亡すると、父の賢秀は鶴千代を人質に差し出して、織田信長に臣従した。鶴千代、十三歳の時だった。

そして、鶴千代を一目見た信長は「蒲生が子息、目つき常ならず。只者にては有るべからず、我が婿にせん」と喜んだという。事実、翌十二年、鶴千代は

十四歳で初陣を飾ると、信長の娘冬姫を娶《めと》って日野に帰る。

元亀元年（１５７０）、氏郷は柴田勝家の与力となり、千騎で朝倉攻めに参加、さらに姉川の戦い、長篠の戦いなどに従軍し、多くの武功を挙げた。

天正十年（１５８２）の本能寺の変で信長が討たれると、氏郷は安土城にいた父の賢秀に連絡をつけ、城内にいた信長の側室や一族の女房衆を保護し、自身の居城日野城へ収容。武装して明智光秀に備えた。

光秀は近江の長浜、佐和山、安土の各城を攻略し、次は日野城攻略という寸前、急ぎ帰って来た秀吉軍との山崎の戦いで敗死したため辛くも日野城は生き残った。

その後は、清洲会議をまとめ、信長の天下統一事業を引き継いだ羽柴秀吉に従い、賤ケ岳の戦い、さらにつづく小牧・長久手の戦いでは多くの戦功を挙げた。戦後、その功により、伊勢松ケ島十二万石に加増、転封となる。

またこの頃、大坂でキリスト教の宣教師オルガンティノから洗礼を受け、レオンの名をもらった。同じ頃、日本名も賦秀から氏郷と改めている。

天正十八年、小田原征伐を終わった秀吉は、一連の統一事業に功のあった氏郷に陸奥《むつ》（福島県）の会津に四十二万石、のち検地、加増により九十一万石と

なる大領を与えた。

黒川と呼ばれた城下を若松と改め七層の天守を持つ城を築城、氏郷の幼名にちなみ鶴ケ城と命名。若松の名は氏郷の出身地近江日野城近くの馬見岡綿向神社の参道にあった「若松の森」に由来しているという。

氏郷は商業を重視し、旧領の日野や松坂からも多くの商人を若松に招き、楽市楽座の導入や手工業の奨励なども積極的に行い、江戸時代に続く会津藩の基礎を築いた。

文禄二年（１５９３）、体調を崩した氏郷は、翌年、養生のため上洛し、諸大名を招いて大きな茶会を催したが、この頃には病状がさらに悪化し、文禄四年、惜しまれながら伏見の蒲生邸で死去。四十歳だった。

かぎりあれば
吹かねど花は散るものを
心みじかの　春の山風

氏郷が自分の早世を嘆いた辞世の歌である。

作家の山田風太郎はその著『人間臨終図鑑』の中で「戦国武将の絶唱としては白眉である」と讃えている。

藤堂高虎

とうどう たかとら

1556〜1630

伊勢津藩の初代藩主で、八度も主君を変えた武将として有名だが、築城の名人で、加藤清正と並び称せられる。石垣の反《そ》りを重視する清正に対して、高虎は石垣を高く積み上げ、堀の設計に独得の技があった。

弘治二年（１５５６）、近江は犬上郡藤堂村（滋賀県犬上郡甲良町）の土豪藤堂虎高の次男として生まれる。藤堂家は先祖代々藤堂村の小領主であったが、やがて没落し、農民にまで身を落としてしまったという。幼名は与吉。別名は与右衛門。

北近江の浅井長政に足軽として仕えたが浅井氏が亡びると、浅井の旧臣だった阿閉貞任、次いで同じく旧臣の磯野員昌に仕え、やがて近江を出て織田信澄に仕えるが、いずれも長続きしなかった。

この阿閉氏から出奔した頃の高虎の面白いエピソードがある。講談や浪曲の『藤堂高虎、出世の白餅』として知られるが、流浪の生活を送っていた高虎が

空腹のあまり三河吉田宿（豊橋市）の吉田屋という餅屋で無銭飲食をする。そして店主に正直に告白して謝罪した。店主の彦兵衛は同情し、故郷に帰る路銀まで与える。

後年、出世した高虎が参勤交代で吉田に立ち寄った折、あらためて礼を言い、餅代を払ったという話である。

天正四年（１５７６）、羽柴秀吉の名補佐役と言われた弟羽柴秀長に三百石で仕えてから、ようやく高虎の身が定まったという。

賤ケ岳の戦いで佐久間盛政を破るという抜群の戦功を挙げ、さらに加増、千三百石となる。天正十三年の四国征伐にも功績を挙げ、秀吉から五千四百石の加増を受け、晴れて一万石の大名となった。

主君の秀長が天正十九年に病没すると、秀長の養子秀保に仕えるが、その秀保も若くして亡くなってしまう。世をはかなんだ高虎は出家して高野山に隠栖してしまった。

その才を惜しんだ秀吉は、生駒親正を説得役として高虎を高野山から呼び戻し、還俗させ、伊予の坂島（宇和島市）七万石の大名にとり立てた。そして、高虎は朝鮮との慶長の役では水軍を率いて参加、武功を挙げ、大洲一万石を加

増されて八万石の大名となる。

慶長三年（１５９８）、秀吉が死ぬと、豊臣の家臣団が加藤清正、福島正則らの武断派と石田三成らの文治派に分裂すると、先を見る眼の確かな高虎は迷わず武断派、つまり徳川家康側に与した。

そして両派の戦いである天下分け目の関ケ原では、西軍の大谷吉継軍を破る武功を立てただけでなく、小川祐忠、朽木元綱などに東軍へ寝返るよう見事な調略を行っている。

戦いのあと、これらの功績によって宇和島八万石に加えて今治十二万石が与えられ、高虎は二十万石の大名となった。

以降、高虎は徳川家に忠義を尽くし、江戸城改築の際には生来の能力を存分に発揮する。

慶長十三年、伊賀上野藩主筒井定次の改易と伊勢津藩主富田信高の宇和島藩への転封に伴い、高虎は伊賀十万石、伊勢安濃郡、一志郡十万石などを加えて、二十二万石で津藩主となる。

その家格は外様ながら、江戸幕府内では譜代大名格となり、高虎は家康亡きあと第二代秀忠にもよく仕え、津藩藤堂家は明治維新まで続いた。

小西行長

こにし ゆきなが

1558〜1600

秀吉の朝鮮出兵には、加藤清正らとともに活躍するが、関ケ原で、西軍の将として参陣、破れて斬首されたキリシタン大名である。

永禄元年（１５５８）、和泉《いずみ》（大阪府）堺の商人小西隆《りゅう》佐《さ》の次男として京都で生まれた。商売のため訪れていた宇喜多直家に見出されて宇喜多家に仕えるが、直家の使者として初めて豊臣秀吉のもとを訪れた時、秀吉にその才智を気に入られてこんどは秀吉に仕える。

秀吉政権では舟奉行を命じられ、水軍を率いて紀州征伐や太田城攻略などで活躍、秀吉の信頼を受けて、天正十三年（１５８５）、小豆島で一万石を与えられる。その前年には、高山右近の熱心な勧誘を受けてキリシタンとなっている。

小豆島ではキリスト教の布教を積極的に行い、また十五年のバテレン追放令で改易となった高山右近を匿ったりした熱心な信者だった。

天正十五年の九州平定、同十六年の肥後国人一揆掃討に武功を挙げ、肥後（熊本県）半国二十万石を得る。秀吉はのちの朝鮮出兵を視野に入れて、水軍を統括する行長を、地の利のいい肥後に封じたという。

さっそく行長は宇土城の築城を始めるが、天正十七年、普請に従わなかった天草五人衆とは戦《いくさ》になり、これを隣国の加藤清正と平定する。キリシタンの多い天草衆に対して行長は事態を穏便にすませようとしたが、熱心な日蓮宗信者の清正の強引な出兵がもとで武力征伐となった。

このあとも清正とは事あるごとに衝突し、行長は清正から「薬屋の小《こ》倅《せがれ》」と侮られたという。

宇土城は水城として優れた機能を持っていたが、行長はさらに秀吉の意を受けて海外貿易の拠点の八代にも麦島城を築城する。球磨《くま》川と海に面する河口の城で、堀から外水を引き入れる浮城としたので、直接舟が出入り出来る便利な城となった。このほか城下の整備に力を入れたり、高山右近の旧臣たちを多く取り立てたり、利発な行長らしい仕事ぶりを示した。

文禄元年（1592）の朝鮮出兵では、第二陣を率いる加藤清正に先がけて、第一陣の将として渡海する。

釜山攻略を皮切りに、次々と朝鮮軍を突破、漢城（ソウル）を占領し、さらに北進し平壌も攻略、破竹の進撃を続けた。その間、行長はたびたび朝鮮に停戦を呼びかけるが、ことごとく朝鮮側は拒絶している。

その間、四万の明軍が平壌に攻めて来ると日本軍は退却、ようやく和議となる。しかしその和議は、日本が明の臣下となるという、秀吉が描いたのと全く正反対の内容だったため、慶長二年（１５９７）、ふたたび朝鮮への進攻が始まった。

行長は、武功を立てて講和交渉における不手際を埋め合わせるよう厳命されて渡海する。日本軍と朝鮮・明軍の激戦が始まるが、秀吉の死により、無謀な朝鮮侵攻は終わりとなった。

やがて、石田三成と徳川家康の間で関ケ原の戦いが始まると、行長は西軍の将として参戦するが、小早川秀秋の裏切りによって西軍は惨敗。伊吹山中に逃げた行長は捕縛され、京都市中を引き回しの上、六条河原で、石田三成、安国寺恵瓊とともに斬首された。

ポルトガル王妃から贈られたイコンを掲げて、三度頭上に戴いた後に首を打たれたという。

織田信雄

おだ のぶかつ

1558～1630

織田信長の次男。小牧・長久手の戦いで家康と組み、秀吉に戦いを挑むが、形勢不利と見て和睦する。

永禄元年（１５５８）、尾張（愛知県）の生駒《いこま》屋敷で生まれた。母は生駒家宗の娘吉乃。吉乃は信長に最も愛された側室といわれ、長男の信忠、信雄、徳姫の母とされる。当時の女性の例に漏れず、実名ではない。幼名は茶筅丸、北畠家に入ってから北畠具豊、さらに信意となり、織田姓に復して信勝、次いで信雄と称した。

永禄十二年（１５６９）、父信長の北畠攻略の和睦条件として北畠具房の養嗣子となって具房の妹雪姫を娶り、三年後に元服して北畠具豊と名乗った。天正二年（１５７４）、北畠軍を率いて第三次長島侵攻に参戦し、翌年、北畠を継承して信意と改名する。

さらに同四年、北畠具教とその二人の息子を謀略によって殺害、名実ともに

南伊勢の支配権を確立した。

ちなみに北畠家は南北朝以来の名家である。永らく伊勢一国の国司として勢力を誇った。

特に北畠親房は後醍醐天皇の側近として建武の新政を支え、天皇の没後には南朝の軍事指導者となった。南朝の正統性を書いた『神皇正統記』の著者として名を残している。

天正十年（１５８２）の本能寺の変では、信意は近江（滋賀県）甲賀郡まで、父や兄に加勢するため進軍したが、すでに彼らは討たれたあとだったので、戦わないまま撤退する。

信長亡きあとの清洲会議では、信意は自らその後継者となろうとしたが、紛糾の末、秀吉に会議は牛耳られて、織田家当主は兄信忠の子三法師、信意は三法師の後見役と決まった。

信長の遺領配分として信意は尾張、伊賀、南伊勢あわせて百万石を相続、その際、織田姓に復して織田信勝、次いで信雄と名乗る。

着実に力をつけてきた秀吉が、神戸信孝（信長三男）と手を組んだ柴田勝家と戦った賤ヶ岳の合戦では、信雄は秀吉方に属し、信孝を岐阜城に攻めて降伏

させる。

さらに北ノ庄（福井市）を攻め、自害したお市の方の茶々以下三人の娘を引き取って面倒をみたのは、秀吉ではなく信雄であるともいわれている。

その後、秀吉との関係が悪化、信勝は家康に接近し、同盟関係を結ぶ。そして家康と相談した上で、秀吉に内通したという理由をつけて自らの重臣三人を殺害。

これが秀吉に対する宣戦布告となり、小牧・長久手の戦いが始まった。緒戦では秀吉側の池田恒興、森長可を討ちとり有利であったが、やがて劣勢となると家康に無断で講和を結び、以降は秀吉に臣従する。

秀吉の小田原攻めにも従軍するが、戦後転封の命を受けると拒絶したため改易となる。

しかし家康の仲介で赦免され、元和元年（1615）には、家康から大和で五万石を与えられた。その後、京都に隠居し、茶や鷹狩りなどで悠々自適の日を過ごした。

数多くいた信長の息子の中で、江戸時代まで大名として存続したのは信雄の系統だけである。

大谷吉継

おおたに よしつぐ

1559〜1600

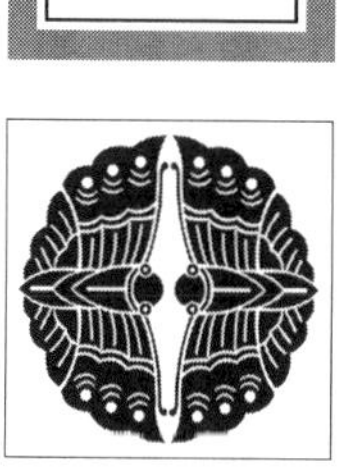

友情によって石田三成に加担し、関ケ原に散った義将として名高い。

永禄二年（１５５９）、近江（滋賀県）で、六角氏の旧臣だった大谷吉房の子として生まれた。通称は紀之介。官名が刑部小輔だったため、刑部の名で知られる。

石田三成の推挙で秀吉に小姓として仕える。三木城攻めや備中高松城攻めで活躍し、九州征伐にも多くの戦功を挙げたことで、天正十七年（１５８９）、越前（福井県）敦賀《つるが》郡二万石（のち五万石に加増）をいただいて敦賀城主となった。

石田三成とはよきライバルとして競い合い、ともに豊臣家での出世街道を上ってゆき、固い友情で結ばれるようになる。

秀吉から、百万の兵をまかせてみたいといわれたほどの逸材であったが、業《ごう》病《びょう》（一説には梅毒といわれる）に冒《おか》され、顔は醜く崩れ落ちてしまい、晩年は

眼も見えないくらいになったため、政治の表舞台には立たなかった。

三成との友情を示すこんなエピソードがある。茶会の席で、集まった大名たちが順に茶を回し飲むわけだが、吉継のあとを受けるのをみんな嫌がり、飲むふりだけしたが、ある時、吉継の顔から膿《うみ》がたれて茶碗の中に落ちてしまった。座の人はみな青ざめてしまい、吉継自身も呆然とするが、三成だけは受けとるとひと息で膿ごと飲み干してしまう。そしてさらにもう一杯所望したという。以降、二人の絆はますます強くなった。

秀吉の死後、有名な直江状でその専横ぶりを糾弾した上杉景勝を討つべく、家康が諸大名を集結した折、吉継も千余の兵を率いて参陣のため敦賀を出発し、垂井《たるい》に到着すると、三成の使者が待っていて、三成の居城佐和山への来訪を請われた。

そこで三成から家康を討つという途方もない計画を打ち明けられる。驚いた吉継は、その無謀さを説き、思いとどまらせようとするが、三成はあくまで自分の意志を貫こうとする。

家康の実力は天下まぎれもないこと、日本のほとんどの大名が家康に従う中、わずか五十万石にもならない三成には、微塵《みじん》も勝ち目がないこと、などを

諄々《じゅんじゅん》と諭すが、三成の気持を変えることはできなかった。

そして吉継の選んだ結論もまた三成の友情に応《こた》えることだった。このことを知った家康は一瞬顔色を変えたという。吉継の戦の能力を知っていたからだろう。

慶長五年（１６００）、日本を東西二つに分けた関ケ原の戦いが始まる。戦《いくさ》上手といわれた吉継は、早くから小早川秀秋の裏切りを感じとり、気を配っていたが、西軍の裏切りは小早川だけではなかった。

小早川対策のため、吉継が配置していた脇坂安治らも家康側に寝返り、西軍は崩壊。長期戦を予想していた吉継だったが、数時間で勝負の決着はついてしまう。

これまでと悟った吉継は自ら命を絶った。その際、醜い自分の首が敵の手にわたらぬよう、地中深く埋めよ、と部下に指示したという。

病のため死期が真近に迫っていたとはいえ、盟友三成のために捧げた冥府《めいふ》への旅立ちであった。

吉継の一生は、権謀術数が罷《まか》り通る戦国の世に、一服の清涼剤のごとく気品あふれる生涯だったといえよう。

石田三成

いしだ みつなり

1560~1600

天正二年（１５７４）のある日、近江長浜の城主で、後の豊臣秀吉が、鷹狩りの帰りに喉《のど》の渇《かわ》きを覚え、近くの観音寺という寺に立ちより茶を所望した。その折、接待に出た寺小姓は、最初にぬるい茶を、次にやや熱めの茶を、最後にとびきり熱い茶を出した。

この寺小姓の細《こま》やかな心配りに感服した秀吉は、すぐに家臣として召しかかえた。この寺小姓こそ少年の日の石田三成だったという有名な「三杯の茶」のエピソードである。

三成は、永禄三年（１５６０）、石田正継の次男として近江の坂田郡石田村（滋賀県長浜市石田町）で誕生した。幼名は佐吉。官位から治部少輔《じぶしょうゆう》の名で知られる。

石田氏はその出自の地名でわかるように土地の土豪であった。父正継と兄正澄があらたに長浜城主となった秀吉に仕えると、三成も小姓となった。

天正十年（１５８２）の本能寺の変で信長が急死すると、次の天下人として羽柴秀吉が台頭、三成もその側近として活躍してゆく。柴田勝家との賤ケ岳の戦いでは一番槍の功名を挙げた。またその後の小牧・長久手の戦いでも戦功を残す。

天正十四年、秀吉が関白に就任すると、三成は近江水口四万石に封じられた。翌年、名将として天下に知られた島左近を知行の半分で召し抱える。さすがの秀吉もこれには驚愕し、そして賞讃、左近に菊桐の紋入りの羽織を与え、三成への忠誠を誓わせたという。

さらに秀吉の九州平定などの兵站を担当した三成は秀吉幕閣の中で武勇よりも能吏としての名を高めていった。

九州平定後も、博多奉行として博多の町割りや復興に抜群の才能を見せる。ただ小田原征伐の際の忍城攻めでは苦戦し、武功は挙げられなかったが、奥州仕置後の検地奉行を務めるなど着実に実績を重ね、吏僚としては秀吉配下で三成の右に出るものはない、とさえ噂されるようになった。

天正十九年、三成は近江佐和山に入城するが、これは蔵入地の代官として入ったものでいわば、城代としての入城だったが、文禄四年（１５９５）、佐和山

十九万四千石を与えられ、正式に佐和山城主となった。

秀吉の死後、豊臣の家督は秀頼が継ぐが、政権の内部では三成をリーダーとする文治派と、加藤清正、福島正則らの武断派が対立する。

さらにそれを煽った徳川家康の横暴が激しくなり、家康に次ぐ五大老のひとりだった前田利家が死ぬと、事態はさらに深刻となり、ついに慶長五年（１６００）、三成を中心として毛利輝元を戴く西軍と、徳川家康のもとに集った東軍の間で関ケ原の戦いが勃発。

三成は盟友大谷吉継を味方に引き入れるが、豊臣恩顧の大名を取り込んだ家康軍の勝利となり、敗れた三成は再起を期して自身の領地である古橋村に身を潜める。

しかし捜索をしていた田中吉政の隊に捕縛され、家康の命により、京都六条河原で斬首。才子石田三成の四十一年の生涯であった。首は三条河原に晒された後、大徳寺の三玄院に葬られた。辞世は、

筑摩江や
芦間に灯すかがり火と
ともに消えゆく我が身なりけり

直江兼続

なおえかねつぐ

1560～1619

徳川家康に「直江状」と呼ばれた糾弾の文書を送ったことで有名な上杉家の家老。平成二十一年放送のＮＨＫ大河ドラマ『天地人』の主役として一躍世に知られた。

永禄三年（１５６０）、越後上田庄（新潟県南魚沼市）で樋口兼豊の長男として生まれたといわれるが、信憑性のある史料は確認されていない。樋口家は、木曽義仲の重臣樋口兼光の子孫といわれている。父の身分について米沢藩の記録では長尾政景家老、新井白石の『藩翰譜』では炭焼きとあり、はっきりしない。

与六といわれた幼少から聡明の誉高く、坂戸城主長尾政景の子景勝に近侍、上杉謙信の養子となった景勝に従い春日山城に入った。

天正六年（１５７８）、謙信が急死、後継者争いの御館の乱で、景勝がもうひとりの養子景虎を討って春日山城の主となる。兼続が頭角を現わしてくるのはそのあとからだった。

天正九年、景勝の側近であった与坂（長岡市）城主であった直江信綱と山崎秀仙が春日山城内で打ち合わせ中に、山崎が、御館の乱の論功行賞で山崎に遺恨を持つ毛利秀弘に刺殺され、同席していた信綱はとっさに身を守ろうとしたが逆上した毛利によって惨殺されてしまう。跡取りのなくなった直江家を継ぐため、兼続は景勝の命により信綱未亡人お船《せん》の入婿となった。直江兼続の誕生である。

以後、上杉家は兼続と狩野秀治二人の執政により政務が行われた。そして天正十二年、狩野が病に倒れると、兼続は内政から外交まで上杉家のすべてを担うようになる。

豊臣秀吉が天下を取ると臣従を誓い、天正十七年の小田原征伐にも主従で出陣、先兵として関東の諸城を攻略、武勲を挙げる。

秀吉の天下統一が完成すると、兼続は戦乱で疲弊した越後の立て直しに奔走し、新田開発に取り組み、それが「米所《こめどころ》」新潟として実を結び、現在に至っている。

しかし慶長三年（１５９８）、秀吉の命で景勝は越後から会津百二十万石に加増移封させられる。その際、秀吉から兼続にも米沢六万石が与えられている。

そして同年八月、秀吉が死去すると、家康が次の天下取りとして動き出す。関ケ原の戦いへとつながる上杉家や石田三成一派との対立である。

まず、国替えの引継ぎの際、新たに越後高田の領主となった堀秀治が、上杉家が先取りした年貢の返還を求めた際、景勝は無視。怒った秀治が上杉家謀反と家康に訴えると家康は上杉家を詰問。その返書として兼続が送ったのが、直江状と呼ばれる家康への弾劾書《だんがいしょ》である。

激怒した家康は会津征伐を決意、諸将を下野《しもつけ》の小山に集める。だが、時を同じくして三成が挙兵、急遽家康の東軍は西上、天下分け目の関ケ原となる。

そしてわずか一日で西軍が敗退すると、上杉軍は伊達軍の追跡を退け、米沢へ撤退、景勝・兼続の計画は夢と消えた。

慶長六年、兼続は景勝とともに上洛、家康に謝罪する。罪を許された上杉は米沢三十万石へと減封となった。その後、上杉家は徳川に忠誠を誓い、兼続は新田開発に励み、鉱山を開発するなど藩政を主導し米沢藩の基礎を築いた。元和五年（１６１９）没。

兼続が病床に伏すと景勝は毎日のように見舞い、最善の医療を尽くしたという。景勝・兼続の主従の絆の固さを見る思いがする。

福島正則

ふくしま まさのり

1561〜1624

加藤清正などと同じ秀吉子飼《こがい》の大名である。秀吉の妻北政所ねねに実の子のように可愛がられたという。

武勇には秀でているが、智謀に乏《とぼ》しい猪武者のイメージが強く、乱暴者としての逸話は数多い。感情の起伏が人並みはずれて高く、激すると手がつけられなくなる半面、情に深いところもあって、戦国時代きっての親分肌の武将といっていい。

永禄四年（１５６１）、桶屋の福島正信の長男として尾張の海東郡（愛知県あま市）で生まれる。幼名は市松。母が豊臣秀吉の叔母、つまり大政所《おおまんどころ》の姉妹だったことから、幼少より小姓として秀吉に仕えた。

初陣は別所長治を滅ぼした三木城の戦いだった。その後も山崎の戦い、賤ケ岳の戦いで武功を挙げる。特に賤ケ岳の戦いでは「賤ケ岳の七本槍」の筆頭にあげられるほどの活躍をした。秀吉から、他の六人は三千石なのに正則は五千

石をもらう。

その後、小牧・長久手の戦い、四国征伐、九州平定と秀吉に従って出陣、活躍した功により、伊予今治十一万三千石をもらい大名となった。

朝鮮に出兵した文禄の役でも、五番隊の主将として長宗我部元親、蜂須賀家政らを率いて京幾道の攻略に武功を挙げ、続いて李舜臣相手の海戦でも自ら軍船に乗って指揮を執って敵を撃退。それらの功で秀吉から尾張清洲二十四万石の所領を与えられた。

慶長五年（１６００）、兵六千を率いて家康の会津征伐に従軍。その途中、三成挙兵の報を受けて開かれた小山評定で、動揺する豊臣恩顧の大名たちの機先を制して、いち早く家康の味方に就くことを宣言、反転して家康が西上するきっかけを作った。

これも家康の意を受けた黒田長政の入れ知恵だったという。さらに正則は、自分の城である清洲城を開放し、そこに蓄えてあった食糧も惜しみなく全軍に分配した。

関ケ原の戦いでは、宇喜多秀家軍一万七千と撃突、苦戦しながらもなんとかその進撃を阻止することに成功、東軍の士気を大いに上げたという。

戦後、正則はその功により家康から毛利氏の領土だった安芸・備後の二ケ国五十万石の大封を与えられて、広島城主となった。

その後、加藤清正や浅野長政・幸長父子、さらに池田輝政といった豊臣家恩顧の大名たちが相次いで死去すると、さすがの正則も弱気となり慶長十七年（１６１２）、病を理由に幕府に隠居願いを出すが、許可されなかった。

そして豊臣氏が滅亡する大坂冬の陣、夏の陣にも正則は参陣を認められず、江戸留守居を命じられた。大坂城の豊臣秀頼から誘いを受けたという疑惑からだった。

勧誘は事実であったし、それを拒絶した弱味もあり、正則は、自分の大坂蔵屋敷にあった蔵米八万石が大坂方に接収された際も、黙認したという。

豊臣家を夏の陣で滅亡させ、盤石《ばんじゃく》となった徳川家の次の狙いは豊臣恩顧の大名、福島家と加藤家だった。

元和五年（１６１９）家康の死後間もない頃、正則は台風の被害を受けた広島城を無断修理したという言いがかりをつけられ、安芸・備後五十万は没収、正則は信濃高井田四万五千石の減転封となった。その六年後、正則は六十四年の生涯を失意のうちに終えた。

加藤清正

かとう きよまさ

1562〜1611

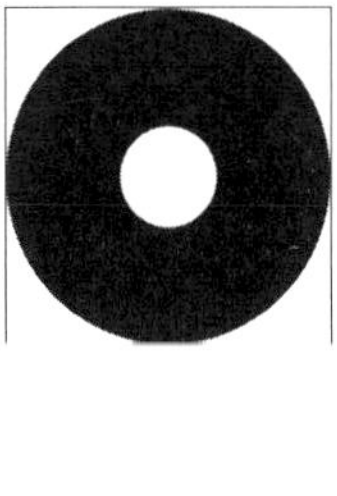

豊臣秀吉子飼いの家臣で、秀吉亡きあと、遺児秀頼を守って家康との間を取り持った忠臣である。肥後熊本藩初代藩主だが、いまでも地元では清正公《せいしょうこう》と呼ばれ親しまれている。

永禄五年（１５６２）、刀鍛冶《かたなかじ》の加藤清忠の子として尾張の愛知郡中村（名古屋市中村区）に生まれた。通称虎之助、主計頭《かずえのかみ》。母も鍛冶屋の娘だった。

秀吉の生母である大政所《おおまんどころ》と母が従姉妹《いとこ》だった縁で、福島正則と一緒に天正元年（１５７３）、晴れて近江長浜城主となった秀吉に小姓として仕える。

天正十年の本能寺の変のあとの山崎の戦いに参陣、さらに翌年の賤ケ岳の戦いでは敵将山路正国を討ち果たす武功を挙げ、福島正則などと同じく賤ケ岳七本槍のひとりとして三千石を与えられた。

天正十四年、秀吉の九州平定に従軍。肥後（熊本県）の主《あるじ》の佐々成政が一揆多発の責を取らされて改易されると、代わって清正に肥後半国隈本城十九万五

千石が与えられ、のち改修して熊本城とした。

また小牧・長久手の戦い、四国征伐、九州平定に秀吉に従って参陣するが、意外なことに、それはほとんど財務官僚としての従軍だった。

清正といえば、勇猛な荒くれ武将としての印象が強いが、それらの伝承はすべてあとの時代の創作といってよく、朝鮮出兵の際の虎退治も本来は黒田長政とその家臣の逸話が、後世、清正の話とすりかえられたのだという。

藤堂高虎や黒田官兵衛と並ぶ築城の名手だったことからもわかるが、清正の頭脳はむしろ理系にちかい軍略家のものだった。

清正の作った熊本城がいかに名城だったかは、二百八十年後の明治十年（１８７７）の西南戦争を見ればわかる。西郷軍一万三千の猛攻を受けながらも四千の城兵で、五十四日も守り切ったのである。

秀吉亡き後の関ケ原の戦いでは、反三成派だった清正は東軍に就き、肥後にあって黒田官兵衛とともに西軍の小西行長の宇土城や立花宗茂の柳川城などを調略、次々と撃破していった。

戦後、その功で小西領の肥後半国を与えられ、肥後一国五十二万石の大名となった。

そして、慶長十六年（１６１１）には京都二条城で念願の家康と豊臣秀頼の会見を実現させ、豊臣家の将来にほっと胸をなでおろしたことだろう。

この会見の時、清正は懐深く短刀を忍ばせ、片時も秀頼の側を離れなかったという。しかし清正はこの二条城の会見からわずか二ヶ月後に五十年の生涯を閉じたのである。

熊本に帰る途中の船の中で発病し、回復しないまま熊本城で死去した。家康による毒殺との噂もささやかれた。二条城会見での料理の中に毒が入れてあって、それがゆっくりと効いてきて二ヶ月後に死去になったのだという。

あとは三男の忠広が継いだが、寛永九年（１６３２）に加藤家は改易された。理由は諸説あるが、庄内藩お預けとなった忠広は清正の遺骨を持ち込み、天澤寺に葬った。この墓は昭和二十四年（１９４９）に発掘され、清正の遺骨と鎧が発見され、話題となった。

新たに熊本五十四万石の領主になった細川忠利は、清正の霊牌《れいはい》をかざして肥後に入り、熊本城には、「あなたの城地をお預かりします」といって、清正を祀る浄池廟の方向に遥拝《ようはい》してから入城したという。清正を慕う領民の反発を恐れたためだった。

細川忠興

ほそかわ ただおき

1563～1646

明智光秀の盟友であり、ともに織田信長の重臣として活躍した細川藤孝（幽斉）の嫡男。永禄六年（１５６３）、京都に生まれた。通称は与一郎。当時、父の藤孝は室町幕府十三代将軍足利義輝に仕えていた。

領地の名を取って長岡氏を名のっていたが、大坂の陣以後は細川氏に復した。父と同様、教養人、茶人としても一家を成し、細川三斉と号し利久七哲のひとりに数えられた。

足利義昭、織田信長、豊臣秀吉、徳川家康と時の有力者に仕えて、三男の忠利の代に転封した熊本細川家は現在まで続き、総理大臣細川護熙《もりひろ》まで輩出している。

忠興は天正五年（１５７７）、十五歳で紀州征伐に加わり初陣を飾る。翌天正六年に元服、当時仕えていた信長の嫡男信忠から一字もらって忠興と名のった。そして信長の仲介によって明智光秀の三女珠（ガラシャ）を妻とする。

天正十年、妻の父明智光秀が本能寺の変を起こすと、当然のように光秀から細川父子に味方に誘う使いが来るが、父子ともにこれを拒否、宮津城から動かなかった。

そのため光秀との内通も疑われず討伐されることもなかった。この時、父が剃髪、隠居したので、忠興は丹後半国を領する宮津城を譲られた。

その後は羽柴秀吉の配下となり、北丹後の一色満信を滅ぼし、丹後を平定すると、秀吉からあらためて丹後一国を任されることとなった。

そして小牧・長久手の戦いのあとは、天正十五年の九州征伐、十八年の小田原征伐にも従軍する。さらに朝鮮への侵攻、文禄元年（１５９２）の文禄の役では九番隊として渡海するが、目立った活躍は出来なかった。

慶長三年（１５９８）、秀吉が死去すると、石田三成らと対立。家康に誼《よしみ》を通じ、翌年には加藤清正、福島正則、黒田長政らとともに三成襲撃に加わったが、この時は家康にうまくかわされてしまう。

そしてその家康の推挙で丹後十二万石に豊後杵築《きつき》六万石を加増され十八万石の大名となった。

関ケ原の戦いでは味方につけば丹後の隣国、但馬《たじま》（兵庫県）十万石を与える

という家康の勧誘を受け東軍に参加する。豊臣恩顧の有力大名だっただけに、忠興のいちはやくの東軍参加は他の豊臣系大名たちの動向に大きな影響を与えたという。

しかし大坂城内の細川屋敷にいた妻の珠は、西軍の襲撃を受け、囚《とら》われの身となることを拒んで、部下に我が身を殺させるという悲劇が起きた。クリスチャンであったために自害できなかったからだ。

九月十五日の関ケ原本戦では石田三成の本隊と闘い、首級三十六も上げる大活躍をした。

戦後、但馬一国の加増は実現されなかったものの、丹後から豊前中津三十三万九千石に転封、加増となった。二年後には小城であった小倉城を大改修して、中津城から移転した。

慶長二十年、三男の忠利に家督を譲って隠居、自らは出家して三斎を名のった。時代は下って寛永九年（１６３２）、忠利は小倉四十万石から熊本五十四万石に加増、転封される。

以後熊本細川家は明治維新まで続き、侯爵となった。忠興は正保二年（１６４６）没。当時としては稀にみる長寿だった。

立花宗茂

たちばな むねしげ

1567～1642

一度、改易になって再び大名になった武将は何人かいるが、同じ領地の大名になった例は立花宗茂ひとりしかいないだろう。

筑後（福岡県）柳川藩主だったが、関ケ原の戦いで西軍に加担したため改易され、大名から一介《いっかい》の浪人となる。秀吉から「その忠義も武勇も九州随一」と讃《たた》えられただけあって各大名から誘いの手はあったが固辞、浪人に徹した。その後、家康に近侍し、大坂の陣で活躍、その功で再び柳川藩主に復帰したという猛将である。

永禄十年（１５６７）、九州の名門大友氏の重臣吉弘鎮理（のちの高橋紹運）の長男として生まれた。幼名は千熊丸、のちに弥七郎と改名。父の鎮理が前の年に高橋鑑種を討伐し、その名跡を継いだため、宗茂も高橋氏の後継として育てられ、元服後は高橋統虎《むねとら》と名のった。

天正九年（１５８１）、宗茂の器量を見込んだやはり大友氏の重臣の戸次《べっき》鑑

連（立花道雪）からぜひ養子にと執拗に誘われ、道雪の一人娘の誾《ぎん》千代《ちよ》と結婚、宗茂が家督を継いで名も戸次統虎となり、のち道雪が立花を継いだので宗茂も立花姓を名のる。

天正十二年、立花・高橋軍は龍造寺・島津勢を撃破して、大友氏の旧領筑後を奪回するが、翌十三年、義父の道雪が死去すると、大友軍の士気は急速に衰えていった。

そして天正十四年、島津忠長が五万の兵を率いて筑前に侵攻、実父の高橋紹運は岩屋城に籠って徹底抗戦するが、討ち死にする。この時、宗茂も立花山城を守って奮戦し、島津本隊への奇襲で数百人の首を取るという働きをした。

その後の秀吉の九州平定には先鋒として活躍し、その功で筑後柳川十三万二千石を与えられ、大友氏から独立した大名となった。二度の朝鮮出兵でも宗茂の活躍はすさまじく、加藤清正から「日本軍第一の勇将」と絶賛される。

慶長五年（１６００）の関ケ原の戦いでは、直前に家康から法外な恩賞を約束され、東軍に加勢するように誘われるが、「秀吉公の恩義を忘れるくらいなら、命を絶つ」とまで言って拒絶。家中での反対も押し切って西軍に参戦する。

しかし京極高次の大津城を攻めている間に、関ケ原本戦で、西軍は小早川秀

秋の裏切りで総崩れとなり、敗退。やむなく宗茂は大坂城に引き返し、総大将毛利輝元に城に籠っての徹底抗戦を主張するが受け入れられず、柳川に引き揚げる。

退《しりぞ》くときに実父紹運の仇《かたき》である島津義弘と同行、ほとんど兵を失って帰国を急ぐ島津に対して、今こそ仇を討つ好機という家臣たちを押さえ、「敗軍を討つは武士の誉《ほまれ》にあらず」と退け、むしろ島津隊を護衛した。

柳川に帰り着いた宗茂は、鍋島直茂、黒田官兵衛らに説得され降伏開城。領地は没収、宗茂は浪人となった。

慶長九年、本多忠勝の推挙で家康に召し出され、五千石を与えられる。まもなく徳川秀忠の御伽衆《おとぎしゅう》に列せられ陸奥《むつ》棚倉一万石を得て大名に復帰した。大坂夏の陣では秀忠の麾下として参謀を兼ねて出陣、秀忠軍の進退を見事に采配する。

そして元和六年（１６２０）、旧領の柳川十万九千二百石を与えられ念願の旧領への復帰を果たした。

寛永十九年（１６４２）、江戸藩邸で死去。七十六歳という当時では稀にみる長寿だった。

伊達政宗

だて　まさむね

1567〜1636

源頼朝から奥州伊達郡を拝受したことに由来する伊達家は、奥州きっての名門。その十七代当主で、隻眼ゆえ「独眼竜」と恐れられたのが、「遅れてきた天下取り」伊達政宗である。

実際、天下を統一した豊臣秀吉より三十歳も下の政宗だったから、秀吉と同じ頃に生まれていたら、いち早く奥州を統一し、さらに関東に軍を進め京に攻め入れば、あるいは天下取りも夢ではなかったかもしれない。それほど政宗は野望に満ちた男だった。

永禄十年（１５６７）、出羽（山形県）の米沢城で、伊達家十六代伊達輝宗の嫡男として生まれた。母は最上義光の妹義姫である。

幼名は梵天丸。昭和六十二年（１９８７）のＮＨＫ大河ドラマ『独眼竜政宗』や人気ゲーム『戦国ＢＡＳＡＲＡ』などでこの政宗の幼名をご存知の方は多いだろう。

ちなみに『独眼竜政宗』（渡辺謙主演）は最高視聴率47．8％でいまだに大河史上トップを誇っている。

天正五年（１５７７）、元服して伊達藤次郎政宗と名のる。「政宗」は伊達家中興の祖といわれた第九代当主大膳大夫政宗にあやかって父輝宗が付けたと言われる。いかに政宗が期待されていたかがわかる。

翌々年、わずか十三歳の時、三春城主田村清顕の娘、当時十二歳の愛姫《めごひめ》を正室に迎えた。政宗には少なくとも七人の側室がいたが、愛姫とは生涯仲睦じかったと言われる。

天正九年、隣接する相馬氏との闘いで初陣を飾り、以降父の代理として田村氏や芦名氏との外交を担当、その聡明な頭脳はいち早く家臣たちに注目され始めた。天正十二年、父輝宗の隠居に伴い家督を相続し、伊達家十七代の当主となる。若干十七歳であった。

ところが翌天正十三年、政宗が鷹狩りで留守中に、父輝宗が二本松城主畠山義継に拉致され、追跡して来た政宗との乱闘の中、殺されてしまう。初七日の法要を済ますと、政宗は弔い合戦と称して二本松城を包囲、二本松の救援に駆け付けた佐竹軍三万と激突。殿《しんがり》を務めた老臣鬼庭左月斎の捨て身の防戦で辛う

じて退却する。人取橋の戦いである。

さらに政宗は大崎合戦、郡山合戦と戦い続け、天正十七年、磐梯山麓での摺上原の戦いでは二万三千の大軍を動員し、ついに芦名氏を討ち破り、現在の福島県の中通りと会津、山形県の置賜地方、宮城県の南部と、広大な奥州五十四郡のほぼ南半分を手に入れた。家督を継いでわずか六年の間であった。

この頃、四国、九州を平定した豊臣秀吉はついに最後の小田原征伐に乗り出す。参陣を催促された政宗は、父輝宗の時代から小田原の北条氏とは同盟関係にあったため、直前まで迷っていたという。

青年武将らしい野望に燃えた政宗であったが、時代の波には勝てぬという片倉小十郎ら重臣の意見に従い、参陣の遅れを詫びるため死を覚悟の白装束で秀吉の前に現われる。

さすがの秀吉もこれには唖然とし、会津領は没収したものの伊達家の本領七十二万石は安堵したと言われる。

この後も政宗の領土拡大の夢は果てしなく続き、天正十九年、政宗は蒲生氏郷とともに葛西・大崎一揆を平定するが、政宗自身が一揆を扇動していたことが露見。秀吉から喚問された政宗は金箔を貼った磔《はりつけ》柱を押し立てて覚悟の上

で上洛する。

その罪は許されたが、米沢七十二万石から岩出山城五十八万石に減封される。しかし秀吉は政宗の稚気と胆力を愛したのだろう、羽柴の姓を与えた。以後、政宗は岩出山城が大崎氏領であったことから羽柴大崎侍従と称したという。

文禄二年（１５９３）、秀吉の朝鮮侵略が始まる。従軍時の伊達家の装束は豪華絢爛《ごうかけんらん》、数は三千人にも及び、都《みやこ》中の話題をさらった。以降、派手な衣裳を好む人を「伊達者」と呼ぶようになったという。

秀吉の死後、私婚を禁じた秀吉の遺言を破り、政宗は長女五郎八《いろは》姫を五大老の筆頭徳川家康の六男松平忠輝に嫁がせる。そしてこれら家康の専横ぶりに秀吉子飼いの石田三成は糾弾に乗り出すが、加藤清正、福島正則など同じ子飼いでも武断派と呼ばれる人々が家康側に就き、やがて天下分け目の関ケ原へと続いていく。

慶長五年（１６００）、三成はついに家康打倒の兵を上げた。これに呼応するように奥州では会津の上杉勢が直江兼続に率いられて最上領に侵入。東軍（徳川側）に属していた政宗は最上救援のため三千の兵を派遣する。互角といわれた関ケ原の戦いは、小早川秀秋の寝返りによってたった一日で徳川方の勝利に

終わり、天下は家康のものとなった。

　関ケ原のあと、政宗は家康の許可を得て、慶長六年、居城を仙台に移し、ここに政宗を藩祖とする仙台藩六十二万石が誕生する。この石高は当時、加賀・前田家、薩摩・島津家に次ぐ日本三位であった。

　徳川時代に入り有数の大名となった政宗だったが、その類《たぐい》まれな器量と野望は、次は海外へと向けられる。

　慶長十五年、神父ソテロと会見、領内でのキリスト教の布教を許し、教会も建てさせた。そして三年後の慶長十八年、建造なったサン・ファン・バウティスタ号で家臣支倉《はせくら》常長をメキシコ、スペインを経由してローマに向かわせる。常長は二年後の元和元年（１６１５）、ついにローマ法皇に謁見し、政宗の親書を手渡す。そこには奥州王伊達政宗の署名があったという。政宗の壮大な気宇がわかる。

　しかし、この政宗の海外の夢も、徳川幕府がキリシタン弾圧を行い、鎖国政策を取ったため、文字通り夢と消えてしまった。というのが歴史の通説であるが、一方、政宗の「慶長遣欧使節団」は徳川幕府転覆計画の下準備だったという異説もある。

政宗の計画では、フランシスコ派の神父ソテロを仲介役とし、スペインのフィリペ三世と同盟を結び、スペイン艦隊の援護のもと、幕府転覆のクーデターを起こし、娘婿の越後高田城主松平忠輝を首班とする新政権を樹立、自身は大御所として日本を支配するという、これこそ政宗ならではの夢のような大きな話である。

もちろんこの壮大な夢を支えていたのは奥州の金をはじめ、製鉄技術、大規模な新田開発など、幕府に匹敵するほどの経済的な基盤があったからであろう。

幕府軍との決戦に備えた作戦の立案までしていたという。

ともあれ、数ある戦国武将のうち、家康、秀忠、家光と三代の将軍に仕えた大名は政宗ひとりである。とくに家光は政宗への信頼が厚く、その死の三日前には自ら見舞いに訪れている。

寛永十三年（１６３６）死去。享年七十。亡くなると江戸で七日、京で三日の間、殺生や遊興は禁止されたという。

また政宗は武だけでなく文にも優れ、多くの漢詩や和歌を残している。

作家司馬遼太郎もその著書の中で、これらは、「歴史上高名な武将のものとしては中国の魏の曹操にも比肩すべき」と絶賛している。

真田幸村

さなだゆきむら

1567～1615

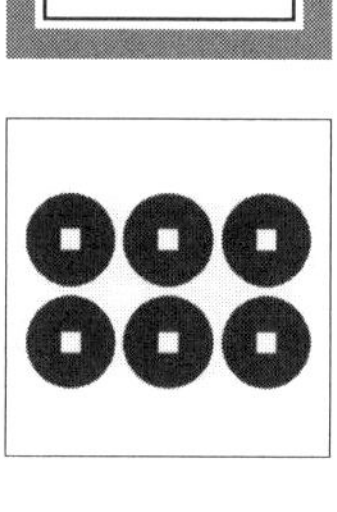

テレビやゲームでおなじみの戦国きってのヒーローである。父昌幸ゆずりの知略で、慶長二十年（１６１５）、大坂夏の陣では徳川家康の本陣まで攻め込んで、さすがの家康も肝を冷やすという大活躍をする。江戸時代の各資料にもその働きは記録されていて、「日本《ひのもと》一の兵《つわもの》」と評された。

永禄十年（１５６７）、武田信玄に仕えていた信濃（長野県）の国衆真田昌幸の次男として生まれる。名は信繁、通称左衛門佐または源二郎。しかし別名幸村の名で広く知られている。

それは江戸時代の軍記物『難波戦記』に幸村の名で登場し、明治・大正期に大流行した講談本、立川文庫に幸村の名で大活躍するからで、生前の資料では幸村の名が使われているものはないし、本人も一切使っていない。

さらに時代が下るにつれ、真田「幸村」の名があまりにも定着したため、江戸幕府編纂の『寛政重修諸家譜』などには「幸村」と記載されている。

天正十年（１５８２）、織田・徳川連合軍に追い詰められた武田勝頼は天目山で自刃、名門武田氏は滅亡する。続いて織田信長も明智光秀の謀反によって京都本能寺にて横死。時代は急激に動いていった。織田家の相続争いに勝った羽柴秀吉が台頭すると真田昌幸は秀吉に服従、ようやく独立した大名として認められるようになった。

幸村は人質として大坂城内に移り、ほどなく秀吉の取りなしで、大谷刑部吉継の娘竹林院と結婚。早くもその才を見抜いた秀吉に可愛がられる。そして従五位下左衛門佐に叙任される。

幸村の豊臣政権下の動きは資料が少なくよくわかっていないが、近年の研究では秀吉の馬廻衆を務め、昌幸とは別に二万石近くの知行を与えられていたことが判明した。屋敷も与えられ、小さいながらも独立した大名として遇されていたらしい。

しかし秀吉が死去すると、家康と秀吉子飼いの石田三成の不和から、日本中を巻き込んだ関ケ原の戦いとなる。昌幸の項でも述べたように、真田父子は、真田家の存続を期して、兄信之は妻が家康の股肱の臣本多忠勝の娘であったため東軍に就き、幸村と父は西軍に参陣することを決める。

昌幸と幸村は居城上田城に籠り、本隊とは別に中山道を通って関ケ原に向かう徳川秀忠隊三万八千を迎え撃つこととなった。少数の真田隊の撹乱戦法に手こずった秀忠軍は、上田で足止めを食らう事となった。家康の催促で攻略を諦めた秀忠軍は急いで関ケ原に向かうが、すでに戦いはわずか一日でケリがついてしまっていた。

第二次上田合戦と呼ばれたこの戦いの見事さで、真田の名はあらためて天下に轟き、家康は生涯、真田を恐れたという。

面白い話がある。時は下って慶長十九年（１６１４）、大坂冬の陣で真田が大坂城に入ったという報せを聞いた家康は「親の方か、子の方か」と聞いたという。それ以前に昌幸は病死しているが、策士の昌幸のことだけに、家康もその死に疑問を抱いていたらしい。

子の幸村の方だと聞いて家康は安堵したと言われる。まさかそのあと幸村に、死を覚悟するほどの目にあわされるとは夢にも思わなかっただろう。それほど家康は、真田という名に恐怖心を抱いていたのである。

関ケ原の戦いで西軍が敗れると、昌幸と幸村は、敗軍の将として死罪は免れないところだったが、兄信之とその舅《しゅうと》である本多忠勝の必死の嘆願もあって死

罪だけは免れ高野山に流された。

　初め高野山の蓮華定院に入り、ついで麓の九度山に移された。この九度山での真田家の生活は貧窮を極め、真田紐なる組紐を考案し、わずかの家来達に全国に売り歩かせたという。

　そして、慶長十九年、京都方広寺の鐘銘事件をきっかけに徳川と豊臣の関係は悪化、大坂冬の陣の勃発となった。大名のほとんどは、すでに日本の盟主となって幕府を開いた徳川方についたため、豊臣方は浪人を集める策しかなく、九度山の幸村のもとにも使者がやって来る。黄金二百枚、銀三十貫を贈ったとも、五十万石の成功報酬を約束したともいわれるが、そんな金銭とは関係なく、幸村は参戦を決意する。

　父昌幸の旧臣たちにも呼びかけ、九度山を脱出し、武田軍団にならって鎧を赤で統一した一軍を率いて大坂城に入った。

　大坂方は幸村の参陣を両手《もろて》を挙げて喜び、騎馬武者百騎、兵五千を預ける。これだけの兵をまかされたのは、浪人組では幸村のほか、長宗我部盛親《もりちか》、毛利勝永、明石全登《たけのり》、後藤又兵衛の五人だけで、彼らは「五人衆」と呼ばれた。さっそく軍議が開かれ、幸村は終始籠城には反対、討って出て近江瀬田で徳川軍を

迎え撃つよう主張するが、結局受け入れられなかった。

　籠城と決定すると、幸村は大坂城の最弱部とされる三の丸南側、玉造口外に「真田丸」と呼ばれる土作りの出城を築いた。こうした突出部を築くことで敵の注意を引きつけ一気に屠《ほふ》る作戦だった。しかし真田丸築城は、幸村が徳川方に寝返るための下準備ではないかと、大野治長など豊臣子飼いの武将たちは警戒していたという。

　実際、和議がなったあと、家康は信濃で十万石を与えるという条件で幸村を誘った。幸村が断ると、では信濃一国を与えるという。幸村はたとえ日本国の半分を与えると言われても、私の命は秀頼公のもの、と一蹴したという。後で作られた伝説であろうが、それほど幸村という男が清廉で魅力があったか、よくわかる。

　翌慶長二十年の大坂夏の陣でも幸村は連日奮戦するが、もはや豊臣方に戦意はなく、敗戦も決定的となると、死を覚悟した幸村は家康の本陣めがけて突撃を敢行。

　幸村率いる決死の真田隊は松平忠直一万五千の大軍を突破し、ついに家康の親衛隊を打ち破り、本陣に二度にわたり突入した。そのすさまじさに、さすが

の家康も自害を覚悟したほどだったという。

家康が本陣まで攻め込まれたのは、信玄に惨敗した三方ヶ原の戦い以来であり、またしても武田家ゆかりの真田に踏み込まれたとあって、それ以後家康の武田家への畏怖はさらに募り、逆に武田の遺臣を数多く自身の旗本に加えることとなる。

しかし、さしもの真田隊も、反撃に転じた越前松平の軍勢に次々と討ち取られ、幸村の疲弊も頂点に達し、大坂方は総崩れとなった。一方、城内では敗戦を覚悟した豊臣秀頼と母の淀の方は城内に火を放って自刃、ここに豊臣家は滅亡した。

傷つき疲れ切った幸村は、四天王寺近くの安居神社で越前松平家の西尾宗次に発見され、討ち取られたという。四十九年の生涯であった。

江戸時代に入ると『難波戦記』や『真田三代記』などにより幸村人気は沸騰《ふっとう》し、さらに大正になると立川文庫で『真田十勇士』なるものも登場、ベストセラーになった。ちなみに真田十勇士は、猿飛佐助、雲隠才蔵、根津甚八、由利鎌之助、筧十蔵、三好清海入道、同伊三入道、望月六郎、海野六郎、穴山小介の十人だが、すべて創作に近い人物であった。

黒田長政

くろだ ながまさ

1568〜1623

豊臣秀吉の天下取りに貢献し、その知恵袋と言われた黒田官兵衛の嫡男で、筑前福岡藩の初代藩主。永禄十一年（１５６８）、播磨姫路城で生まれた。幼名は松寿丸。通称は吉兵衛。キリシタン大名でもあった。時代の先を読んだ父の官兵衛は、早くから織田信長に仕え、重臣の秀吉に従っていたが、天正五年（１５７７）、松寿丸を人質として秀吉に預けていた。

近江長浜城で、松寿丸は秀吉・おね夫妻から我が子のように可愛がられて過ごしたという。

その翌年、一度は降伏した有岡城の荒木村重がふたたび反旗を翻した際に、父の官兵衛が村重と懇意だったという事で説得に有岡城に乗り込むが、そのまま拘束されてしまう。

気の短い信長は、官兵衛が荒木方に寝返ったと判断し、松寿丸の殺害を命じる。

官兵衛を信じた同僚の竹中半兵衛は、機転をはたらかせて松寿丸の身柄をひそかに自領に匿い、信長には始末したと虚偽の報告をした。有岡城落城とともに官兵衛は救出され、松寿丸も無事、姫路城に戻された。

天正十年、本能寺の変で信長が急死すると、次の天下を秀吉に取らせるため、知略の限りを尽くす父官兵衛とともに長政も活躍を始める。賤ケ岳の戦い、小牧・長久手の戦い、そして天正十五年の九州平定でも数々の武功を挙げた。

平定後、父子の功を賞して、秀吉から豊前（大分県）中津に十二万五千石が官兵衛に与えられる。

豊前の国人勢力を懐柔するのは大変だったが、有力領主の宇都宮鎮房勢力の殲滅《せんめつ》に成功したあと、天正十七年、父の隠居とともに長政は家督を相続する。

文禄元年（１５９２）の文禄の役でも、長政は五千の兵を率いて、小西行長の一番隊、加藤清正の二番隊に続き、三番隊を率いて渡海。長政は負傷するも大いに奮戦し、朝鮮軍を次々と撃破した。

やがて和平交渉となるが、双方の外交担当者による欺瞞《ぎまん》が発覚して再び出兵開始、慶長の役となる。長政は再度五千の軍役を課せられ、加藤清正らと黄石山城の戦い、蔚山《うるさん》城の戦いで奮闘するが、やがて秀吉の死で停戦となる。

このように朝鮮では数々の武功を挙げた長政だったが、帰国すると、石田三成、小西行長らとの対立が始まった。

石田三成らの文治派と朝鮮で死を賭して戦った加藤清正、福島正則、そして長政らの武断派の対立である。これをうまく煽《あお》った徳川家康の思惑《おもわく》通り、天下は関ケ原へと流れていく。

まず家康が会津上杉討伐の兵を起こすと、長政は家康に従って出陣する。しかし同時に大坂で三成が挙兵したため、急遽、家康に従った諸侯も関ケ原へと向かう。

関ケ原本戦での長政の活躍は目覚ましく、切りこみ隊を率いて西軍に突撃を敢行、三成の家老で猛将として名高い島左近を討ち取った。

さらに小早川秀秋や吉川広家などの寝返りの交渉も長政が引き受けたといわれ、戦後、関ケ原一番の功労者として、家康から筑前名島に五十二万三千石という大封を賜った。

名島城が手狭だったため、長政は那珂川を挟んだ隣接地に福岡城の建築に取り掛かる。そして七年後に完成すると、産業の振興に務め、今に続く博多人形、博多織などの伝統工芸を育て上げた。

宇喜多秀家

うきた ひでいえ

1572〜1655

豊臣秀吉に可愛がられ、秀吉が実の娘のように愛していた養女の豪姫（父は前田利家）を妻とし、豊臣政権の五大老のひとりにもなった幸運児である。

しかし父の宇喜多直家は権謀術数を尽くして成り上がり、岡山五十七万石の大守となった梟雄《きょうゆう》である。秀家はそんな直家の次男として元亀三年（１５７２）に誕生、生まれながらのお坊ちゃん殿様であった。通称は八郎、備前宰相とも言う。

天正九年（１５８１）、父直家が病死。翌年、秀家が家督を相続、当時臣従していた織田信長から本領を安堵された。元服して秀吉から秀の一字をもらい秀家と名のる。秀家は美少年だったらしく、秀吉の寵愛を受けてその猶子《ゆうし》となり、豪姫を正室とする。

小牧・長久手の戦い、紀州征伐、四国攻め、九州征伐、さらに小田原征伐にも参陣し、豊臣政権をよく支えた。朝鮮侵攻の文禄の役にも一方の大将として

出陣、続く慶長の役でも軍監として渡海、活躍した。日本に帰国した慶長三年（１５９８）、秀吉から五大老のひとりに任命されるが、同年、親と慕《した》った秀吉が死去。

翌慶長四年、重臣の戸川達安らが側近の処分を巡って秀家と対立、戸川らが大坂の宇喜多屋敷を占拠するという宇喜多騒動が勃発。大谷吉継や家康家臣の榊原康政まで巻き込んだお家騒動となる。

しかし秀家、戸川の対立は解消されず、ついに家康の裁断を仰ぎ、内紛は回避された。戸川は他家預り・蟄居となり重臣の花房正成も出奔してしまう。これをきっかけに直家以来の優秀な人材が、秀家を見限って宇喜多家を去って行った。

戸川、花房の二人は関ケ原の戦いでは家康の側に就き、戦後、戸川などは備中庭瀬二万九千石の大名となっている。

秀吉の後を追うように秀家の義父前田利家も死去すると、豊臣家中で加藤清正、福島正則ら武断派と石田三成、小西行長らの文治派の対立が激化、これをうまく利用した徳川家康が、豊臣政権を壟断《ろうだん》するようになり、やがて関ケ原の戦いへと、時代は流れて行った。

慶長五年（１６００）、家康が上杉景勝の会津征伐の兵を起こすと、これを好機とばかり石田三成は、毛利輝元を総大将に仰ぎ、打倒家康を目指して挙兵する。

秀家は西軍の副将として三成、大谷吉継らと家康断罪の檄文を発し、西軍の主力部隊となった。

西軍の中では最大の一万七千の部隊を率いて、関ケ原では東軍の福島正則隊と激突、勇猛で鳴る福島隊と互角に戦うが、小早川秀秋の裏切りで西軍は総崩れとなって宇喜多隊は壊滅する。

敗れた秀家は伊吹山中に逃げこみ、京都の太秦《うずまさ》に潜伏したあと薩摩にのがれ、島津氏を頼った。慶長八年、その噂が広がったため島津氏によって秀家は家康に引き渡された。

島津家や縁戚の前田家の懇願《こんがん》もあって、秀家は死罪を免れ、遠く八丈島へ配流となった。八丈島では浮田久福と名を改め、妻の実家である前田家から援助を受けながら、なんと五十年の流人生活を続けた。

明暦元年（１６５５）、八十四歳で死去。時はすでに江戸幕府四代将軍徳川家綱の治世となっていた。

長宗我部盛親

ちょうそかべ もりちか

1575～1615

四国全土を平定した長宗我部元親の四男として天正三年（１５７５）に生まれる。幼名は千熊丸。通称は右衛門太郎。

長宗我部氏は、中国古代の秦《しん》の始皇帝の流れを汲む秦河勝《はたのかわかつ》の末裔と称している。鎌倉時代の初期、土佐（高知県）長岡郡宗郷《そがべ》に移り住み、地名から長宗我部を名のったという。十九代の兼序《かねつぐ》が近隣の国人たちに攻められ自害、その子の国親が十年後に城をとりかえし、長宗我部の復活を果たす。その国親の子が元親である。

天正十四年（１５８６）、九州の戸次川の戦いで長兄の長宗我部信親が戦死すると、落胆する父の元親をよそに長宗我部家中で後継争いが起きる。すでに他家を継いでいた兄の香川親和や津野親忠を押す一派と盛親が争うが、父の後押しで盛親が指名された。

もともと傲慢で気の短い盛親は人望がなかったが、父の元親は自分が可愛

がっていた長男信親の娘を後継者に娶わせたいと思っていたため、それには年の若い末弟の盛親しかいないと判断したためという。そして盛親は兄の娘を妻とするが、それは極めつきの近親婚だった。

盛親は元服する際、秀吉の家臣で後に五奉行となる増田長盛を烏帽子《えぼし》親《おや》とし、長盛の一字、盛をもらって盛親となるが、自分より上の者から一字を贈られるのが常識なのに格下の者を烏帽子親にしか出来なかったわけで、豊臣政権の中でも長宗我部氏は低く見られていたのかも知れない。また、家督相続の異常な経緯から、秀吉は盛親を正当な長宗我部の当主として認めていなかったとの見方もあるがこの方が妥当であろう。

慶長四年（１５９９）父元親が死去。そしてその翌年、関ケ原の戦いが起こると、盛親は西軍に加担する。

理由は親しかった増田長盛に説得されたからといわれるが、盛親の真意は東軍だったに違いない。

大坂に入った長宗我部軍は、東軍の伏見城や安濃津城などを落としながら関ケ原に向かい、吉川広家、安国寺恵瓊、長束正家らとともに家康本陣のうしろの南宮山に布陣した。

しかし合戦が始まると家康に内応する吉川率いる毛利隊は動かず、その後方の長宗我部隊も動くことが出来ず、結局戦場にありながら長宗我部隊は戦闘に参加しないまま土佐に引きあげた。

帰国すると盛親は、さっそく懇意にしていた徳川の重臣井伊直政を通じて家康に謝罪しようとするが、逆に家臣のざん言《げん》から兄の津野親忠を殺害したことや、不満を抱く家臣たちの一揆をとがめられ、領土没収、改易を申し渡されてしまう。この時をもってかつての四国の雄長宗我部氏は滅亡した。

浪人となった盛親は大坂から伏見に出て大名への復帰運動を続けるが、誰も相手にしてくれず、慶長十五年には剃髪して大岩祐夢と称し、寺小屋の師匠として暮らしたという。

そして慶長十九年、大坂冬の陣が始まるとわずか六人の従者を連れて大坂城に入城。これを聞いた長宗我部の旧臣も続々入城し、集結した浪人衆の中では最大の千人までふくらんだという。やはり落ちぶれても元大名であった。冬の陣は和睦となったが、翌年の夏の陣で豊臣家は滅亡。

敗れた盛親は京都で葦の中に隠れ潜んでいた所を捕らえられ、六条河原で斬首された。

小早川秀秋

こばやかわ ひであき

1582〜1602

小早川秀秋といえば、すぐ思い浮かぶのが「関ケ原の裏切り者」である。秀吉の一族ながら、なぜ戦場のドタン場で家康側に就いたのか、いまだに諸説がある。まだ十九歳で世間のことは何も知らない大名だったから、責めるのは酷かも知れない。

天正十年（１５８２）、秀吉の正室北政所《きたのまんどころ》の兄の木下家定の五男として近江長浜に生まれる。幼名は辰之助。通称は金吾中納言。天正十三年、三歳で義理の叔父である秀吉の養子となり、北政所に育てられた。元服して木下秀俊、のち羽柴秀俊と名のる。秀吉の後継者候補として七歳で元服、丹波亀山城十万石を与えられた。

豊臣傘下の諸大名から関白豊臣秀次に次ぐ豊臣の後継者と見られていたことから、取り入ろうとする大名からの接待攻勢も多く、元服と同時に七歳から毎晩酒を飲み続けたという笑えない話もある。

しかし秀吉に実子秀頼が生まれたことにより後継から外《はず》されると、秀俊に寄ってくる大名は激減するが、秀俊の身体は酒がやめられなくなっていて、毎晩の酒盛りは続いていたという。十二歳にしてアルコール中毒症になっていたのである。

そこで秀吉は後継のいない小早川隆景に因果を含めて養子にもらってもらう。そして秀俊は小早川秀俊となり、所領の筑前名島三十万七千石を継ぐこととなった。

慶長二年（１５９７）、朝鮮在陣中に養父小早川隆景が死去、家督をついで秀秋と改名。しかし朝鮮に総大将として出陣した秀秋だったが、加藤清正など並みいる猛将からみれば軽率な行動が多く、さらに秀吉からの再三の帰国命令も聞かなかったという。そして帰国した秀秋に越前北ノ庄十五万石への減封、転封命令が下された。

慶長三年、秀吉が死去すると、秀吉の遺命を理由に秀秋は、家康から筑前、筑後に復領、しかも五十九万石という大領を与えられる。このあたりから、すでに家康の秀秋を取り込む工作が始まったのである。

慶長五年の関ケ原の前哨戦というべき伏見城の戦いから秀秋は西軍として参

陣。そのあとはひとり戦線を離れ、鷹狩りなどして遊んだあと、突如として本戦の前日の九月十四日、一万五千の大軍を率いて現われ、関ケ原の松尾山に陣取った。

関ケ原本戦が始まったのは午前八時頃だった。午前中は西軍有利のうちに戦況が進んで行くが、秀秋軍は全く動かず、ただ傍観するだけだった。苛立った家康が秀秋の陣へ鉄砲を撃ちかけると、恐怖にかられた秀秋は全軍を率いて松尾山を下り、同じ西軍の大谷吉継の陣へ攻めかかった。

大谷軍はよく戦ったが、秀秋の離反を見た脇坂安治ら西軍の将も相継いで離反、東軍の勝利となった。戦後、もはや用なしと考えられた秀秋は、筑前名島から旧宇喜多秀家の岡山五十五万石へ転封となる。岡山城に入った秀秋は側近勢力の拡充を図るが、長年の重臣だった稲葉正成が出奔、さらに有力な家臣たちが次々と離反して行った。

関ケ原の二年後の慶長七年、秀秋はわずか二十一歳で急死。アルコール依存症による内臓疾患が原因とされる。また秀秋の裏切りによって討ち死にした大谷吉継の祟《たた》りとも噂されたという。

死後、小早川家は後継がいないという理由で改易となった。

木村重成

きむら しげなり

1593〜1615

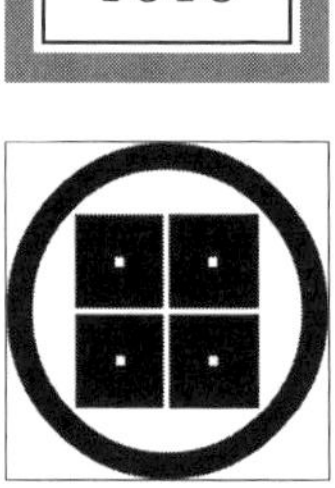

木村重成といえば、大坂夏の陣で獅子奮迅の活躍のあと、見事に豊臣家のために散った颯爽とした若武者のイメージがある。戦前、日本中に読まれていた『講談社の絵本』にも登場している。

文禄二年（１５９３）、木村重茲の子として生まれた。父と兄は豊臣秀次に仕えていたが、秀次謀反の事件に連座して切腹させられた。母の宮内卿局は、豊臣秀頼の乳母《うば》となったため、重成は幼少から秀頼の小姓として大坂城内で育った。

重成の母が乳母になったわけは、お伊勢参りの途中、大坂に宿泊した際、たまたま秀頼の乳母を探していた豊臣の家臣の目にとまったからで、そのまま大坂城に入ったという。

九州の佐土原藩があった宮崎市佐土原町に重成誕生の地があるというが、多分そこで生まれた重成を連れてのお伊勢参りだったのだろう。大坂城では、重

成は秀頼の乳兄弟として育った。

秀頼から全幅の信頼を受け、重臣として常に秀頼の側にあった。関ケ原の前年の慶長四年（１５９９）、豊臣家と家康の仲が険悪となると、大野治長らとともに重成は開戦を強く主張するが、淀殿らの反対に会い、断念する。

そして当時、家康側との唯一のパイプだった片桐且元《かつもと》が、徳川方の間諜の疑いで大坂城から追放されるが、これも重成が主謀者だったといわれる。

初陣は慶長十九年の大坂冬の陣で、その時は今福砦攻防戦で、後藤又兵衛とともに徳川軍と互角に戦い、強者《つわもの》として木村重成の名は世に広まった。

冬の陣は、家康の提案で和議となり、重成は秀頼の正使として、岡山に滞陣していた徳川秀忠から誓書を受けとる役を命じられるが、その際の礼にかなった進退に、同席していた諸将はみんな感服したという。

慶長二十年五月に大坂夏の陣が始まるが、その前の一月、重成は大蔵卿局の姪の青柳を妻に迎えるが、出陣の時には妻のお腹に新しい命が宿っていたという。

和議の条件に反し大坂城は徳川方の手によって外堀、内堀は埋めつくされ、裸城に近くなっていた。すでに死を覚悟した重成は、討ち取られた時に醜くな

らないように食を断ち、兜には香を焚《た》き込め、新妻と別れの盃を交わして出陣したという。

重成は豊臣方の主力として軍を若江（東大阪市）方面に展開。井伊直孝軍と対峙、赤備えの強兵として名高い井伊と激闘の末に、井伊家の安藤重勝に討たれ、戦死する。

首実験のため首級が家康に届けられたが、その頭髪にも香が焚きこめてあって家康を感嘆させたという。

重成の死から二百年も経った文政十一年（1828）、大坂で奇妙なブームが起きた。

毎日、玉造口から若江までの七キロに庶民がびっしり集って夜昼かまわず提《ちょう》灯《ちん》を持って「残念じゃ、残念じゃ」といって重成の墓に参った。大坂町奉行所も沈静化に乗り出す騒ぎとなったが、重成を「残念様」と呼び、願をかけると願い事が叶う神として恭ったのだという。三ケ月で騒ぎは収まったというが、忘れられた頃、そして不況になると、またこの「残念様」は起きた。

いま思うと、庶民たちの憂さばらしだったのではないだろうか。大坂らしい話ではある。

豊臣秀頼

とよとみひでより

1593~1615

文禄二年（１５９３）、当時、五十七歳の豊臣秀吉と側室の淀殿との第二子として誕生。第一子の鶴丸は天逝していたため、秀吉の唯一の後継者である。母の淀殿は、織田信長に亡ぼされた浅井長政とお市との間の長女であることはご存知の通りだ。

幼名は拾《ひろい》と名づけられ、子供の健《すこ》やかな成長を願う当時の慣習として、いったん捨てた形にして、家臣の松浦重政が拾いあげた。

秀頼が誕生した時には、秀吉の姉の子である秀次が関白を譲られ、秀吉の後継者として誰からも認められていた。

当初は秀吉も、秀次の娘と秀頼を結婚させ、秀吉から秀次、そして秀頼という政権の交替を考えていたが、やはりわが子可愛さのため、秀次謀反の罪をでっち上げ、秀次から関白の職を奪い、自刃させてしまう。これで秀頼の後継者としての地位は確定し、秀吉は秀頼への忠誠を誓う起請文に、各大名に血判署名

させている。

秀吉の死後、石田三成と徳川家康との対立が激しくなり、関ケ原の戦いとなるが、両軍とも大義名分は「秀頼公のため」であった。

しかし、勝者となった家康の専横ぶりは、一段と度を増し、豊臣家は二百二十万石の領地から一転、摂津、河内、和泉の直轄地六十六万石の一大名の地位に落とされてしまう。

慶長八年（１６０３）、家康は朝廷から征夷大将軍を賜り、江戸に幕府を開く。もはや誰の目から見ても天下は豊臣家から徳川に移ったことは明らかだった。同年、秀吉の生前から決まっていた家康の孫千姫と秀頼は結婚。千姫の母は淀殿の妹江であったからふたりは従兄妹《いとこ》同士の婚姻ということになる。

成長した秀頼は、慶長十七年、加藤清正らに守られて上洛、二条城において家康と対面する。家康にとって、幼児の頃は別とすれば、初めてみる秀頼だった。秀頼は身長１９７㎝、体重１６１kgの並み外れた偉丈夫だったという。その巨体から醸し出されるカリスマ性に家康は恐怖さえ覚え、徳川の将来が不安となり、豊臣家の滅亡を決意したともいわれる。

その家康の決意をさらに固くさせたのが、方広寺鐘銘事件である。秀頼が京

都の方広寺の大仏を復興し、梵鐘を鋳造したが、その鐘名に「国家安康」「君臣豊楽」の文字があって、これは家康を二つに割り、豊臣を栄えさせる意味であり、徳川への呪詛《じゅそ》であるという。そしてこれが大坂冬の陣、さらに豊臣氏を滅亡させる口実となった。

　大坂城には関ケ原の戦いで改易された元大名や浪人達数万が入城した。真田幸村、後藤又兵衛基次、長宗我部盛親など著名な武将もいた。しかし城側の大野治長、淀殿たちとの統制もうまく行かず、当初勢いのあった大坂方もやがて苦戦、家康の提案で和議となる。

　そして翌年、和議の条件が不履行であるとして再び両者が対立、夏の陣が始まる。

　幸村は家康本陣まで迫る活躍を見せるが、ついに討ち死に、大坂城天守閣は炎上。秀頼と淀殿は互いに刺し違え、大野治長らとともに自害し果てた。秀頼はまだ二十三歳であった。

　秀吉の遺児国松は逃亡したものの捕えられて処刑され、貧乏百姓から天下人にまで上りつめた秀吉の豊臣氏は完全に滅亡した。

徳川家康　年表

〈和暦〉	〈西暦〉	〈年齢〉	
天文一一	一五四二	一	三河岡崎城主の松平広忠の長男として生まれる。母は於大の方。
天文一二	一五四三	二	ポルトガル人、種子島に漂着し、鉄砲を伝える。
天文一三	一五四四	三	広忠、於大の方と離別。織田信秀、斎藤道三と戦う。
天文一六	一五四七	六	駿府へ今川義元の人質となっていく途中、だまされて尾張に送られる。
天文一八	一五四九	八	広忠暗殺される。竹千代と今川氏の人質（織田信広）との交換成り、駿府に行く。フランシスコ＝ザビエル、鹿児島に着き、わが国にはじめてキリスト教を伝える。
弘治元	一五五五	十四	元服し、松平次郎三郎元信と名乗る。織田信長、清洲城に進出。
弘治三	一五五七	十六	関口義広の娘（築山殿）と結婚。斎藤道三、子の義龍と戦って敗死。
永禄元	一五五八	十七	初陣。三河寺部城に鈴木重辰を攻める。元康と改名。木下藤吉郎、織田信長に仕える。
永禄三	一五六〇	十九	今川義元、尾張桶狭間で織田信長に殺される。尾張大高城への兵糧入れに成功。桶狭間の戦いの後、岡崎城に復帰し、自立。
永禄四	一五六一	二十	織田信長と和し、三河平定に着手。武田信玄、上杉謙信と川中島で戦う。
永禄六	一五六三	二十二	今川氏真と断交。家康と改名。三河一向一揆起こる。
永禄七	一五六四	二十三	一向一揆を鎮圧し、三河をほぼ制圧する。

永禄九	一五六六	二十五	徳川に改姓し徳川家康となる。三河守に任ぜられる。毛利元就、尼子氏を下す。
永禄一一	一五六八	二十七	遠江に進出し、武田信玄と駿河、遠江の分割を約す。織田信長、足利義昭を擁して上洛に成功。
永禄一二	一五六九	二十八	遠江をほぼ平定。 織田信長、キリスト教の布教を許可する。
元亀元	一五七〇	二十九	織田信長の援軍として、近江姉川に出陣し、浅井長政の軍と戦う。城を岡崎から浜松に移す。織田信長、浅井長政同盟破棄される。
元亀三	一五七二	三十一	武田信玄と三方ヶ原に戦い大敗を喫す。武田信玄、信濃の駒場で病没。
天正三	一五七五	三十四	織田信長と連合し、武田勝頼を長篠設楽原に破る。
天正六	一五七八	三十七	上杉謙信、春日山城で病没。
天正七	一五七九	三十八	織田信長の命により、長男信康と正室築山殿を殺す。秀忠生まれる。
天正一〇	一五八二	四十一	武田氏の滅亡で駿河を得、さらに織田信長の死後、甲斐、信濃も奪い、五カ国の大名となる。織田信長、明智光秀に殺される(本能寺の変)。九州三大名、少年使節をローマに派遣。
天正一一	一五八三	四十二	二女督姫を北条氏直に嫁がせる。羽柴秀吉、柴田勝家を賤ヶ岳に破る。(北ノ庄城落城)。
天正一二	一五八四	四十三	羽柴秀吉と小牧・長久手の戦い、講和。ポルトガル商船、平戸に着く。
天正一三	一五八五	四十四	居城を浜松から駿府に移す。羽柴秀吉、関白となる。

天正一四	一五八六	四十五	豊臣秀吉の妹旭姫と結婚。大坂城で豊臣秀吉に謁見。秀吉、豊臣姓を与えられる。
天正一五	一五八七	四十六	豊臣秀吉、九州征伐を行う。
天正一六	一五八八	四十七	駿府城天守完成。後北条氏に上洛を勧告する。後陽成天皇、聚楽第に行幸。
天正一八	一五九〇	四十九	旭姫、聚楽第で没す。小田原攻めに先鋒を勤め論功行賞で関東に国替えとなる。豊臣秀吉、小田原城の後北条氏を滅ぼす。豊臣秀次、関白となり、豊臣秀吉は太閤となる。
文禄元	一五九二	五十一	肥前名護屋城まで出陣。文禄の役はじまる。
文禄四	一五九五	五十四	豊臣秀次、高野山で自殺。
慶長元	一五九六	五十五	正二位内大臣となる。
慶長二	一五九七	五十六	秀忠の長女千姫生まれる。慶長の役はじまる。
慶長三	一五九八	五十七	五大老の一人となり、豊臣秀吉死後、政務を代行。豊臣秀吉没す。
慶長四	一五九九	五十八	大坂城西の丸に移る。前田利家没す。
慶長五	一六〇〇	五十九	会津の上杉景勝征討に向かい、関ヶ原に石田三成らを破る。石田三成ら西軍の首謀者処刑される。
慶長七	一六〇二	六十一	二条城造営。
慶長八	一六〇三	六十二	征夷大将軍に補任される。千姫、豊臣秀頼に嫁ぐ。
慶長一〇	一六〇五	六十四	秀忠に将軍職を譲り、自らは大御所となる。豊臣秀頼、家康の上洛催促を拒否。
慶長一一	一六〇六	六十五	諸大名に江戸城手伝普請を命ずる。慶長通宝が出まわる。

慶長一二	一六〇七	六十六	駿府城を築き、隠居城とする。
慶長一六	一六一一	七十	二条城で豊臣秀頼と対面。
慶長一七	一六一二	七十一	キリスト教を禁止する。
慶長一九	一六一四	七十三	大坂冬の陣。方広寺鐘銘事件。
元和元	一六一五	七十四	大坂夏の陣。豊臣氏滅亡する。
元和二	一六一五	七十五	駿府城で没し、久能山に葬られる。

【参考文献】

「戦国武将名言録」 楠戸義昭著　PHP 文庫
「戦国軍師人名事典」 川口素生著　学研 M 文庫
「明智光秀 残虐と謀略」 橋場日月著　祥伝社新書
「家系図で読みとく戦国名将物語」 竹内正浩著　講談社
「戦国武将・群雄ビジュアル百科」 二木謙一監修　ポプラ社
「現代語訳 信長公記」 太田牛一著・中川太古訳　KADOKAWA
「本能寺の変 431 年目の真実」 明智憲三郎著　河出文庫
「読むだけですっきりわかる戦国史」 後藤武士著　宝島 SUGOI 文庫
「戦国武将の生き方死にざま」 小和田哲男著　新人物文庫
「織田信長に学ぶ」 童門冬二著　新人物文庫
「風林火山」 井上靖著　新潮文庫
「天下取り採点・戦国武将 205 人」 新人物往来社編　新人物往来社
「戦国武将がよくわかる本・義将名将編」 レッカ社編著　PHP 研究所
「国盗り物語」 司馬遼太郎著　新潮文庫
「関ケ原」 司馬遼太郎著　新潮文庫
「義士 石田三成」 桑田忠親著　エルム
「信長をめぐる七人の武将」 桑田忠親著　エルム
「北条早雲とその一族」 黒田基樹著　新人物往来社
「日本の歴史 12 天下統一」 林屋辰三郎著　中公文庫
「日本の歴史 11 戦国大名」 杉山博著　中公文庫
「歴史道 VOL. 1」 朝日新聞出版
「官兵衛の夢」 新井恵美子　北辰堂出版
「徳川家康を神にした男たち」 熊谷充晃著　河出書房新社
「徳川家康という男」 平尾栄滋著　郁朋社
「徳川家臣団」 細淵謙錠著　講談社
「徳川家康大全」 大和田哲男著　KK ロングセラーズ
「徳川軍団に学ぶ組織論」 大和田哲男監修　日本経済新聞出版
＊ほか、Web サイトからも多く参考にさせていただきました。

新田 純（にった じゅん）
昭和 11 年新潟県生まれ。昭和 35 年早稲田大学政治経済学部卒。双葉社入社。週刊誌記者などを経て、昭和 38 年、エルム設立。ウルトラマン、仮面ライダーなどテレビマンガの絵本、図鑑などを数多く出版、今日のアニメ全盛の先駆けとなる。その後、出版プロデューサーとして旅や歴史、音楽の話題作を企画出版。著書に「童謡画集・日本の四季」（たなかあきらと共著・北辰堂出版）、「幕末維新人物 100 列伝」「戦国武将 100 列伝」（以上展望社）など。

家康をめぐる60人の武将

令和 5 年 1 月 15 日発行
著者 / 新田 純
発行者 / 唐澤明義
発行 / 株式会社展望社
〒 112-0002 東京都文京区小石川 3 - 1 - 7 エコービル II 202
TEL:03-3814-1997 FAX:03-3814-3063
http://tembo-books.jp/
印刷製本 / モリモト印刷株式会社

ISBN 978-4-88546-427-0 定価はカバーに表記

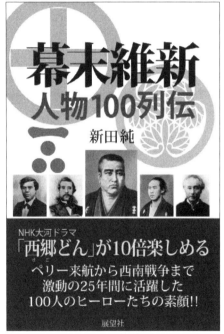

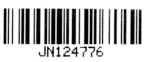